Bernardin Schellenberger

Eine neue Gottes-Vorstellung
Die Herausforderung des Johannesevangeliums

VERLAG KATHOLISCHES BIBELWERK Stuttgart
ARS LITURGICA BUCH- & KUNSTVERLAG Maria Laach

Te Deum · Jahresedition

Ein Gemeinschaftsprojekt
von Verlag Katholisches Bibelwerk, Stuttgart (www.bibelwerk.de)
und Ars Liturgica Buch- & Kunstverlag, Maria Laach (www.maria-laach.de)
© Verlag Katholisches Bibelwerk GmbH, Stuttgart 2014
Alle Rechte vorbehalten

Für die Texte der Einheitsübersetzung der Heiligen Schrift:
© 1980 Katholische Bibelanstalt GmbH, Stuttgart

Umschlaggestaltung: Finken & Bumiller, Stuttgart
Umschlagmotiv: Johannes auf Patmos © KNA-Bild
Satz: Olschewski Medien GmbH, Stuttgart
Druck und Bindung: finidr s.r.o., Český Těšín
Printed in the Czech Republic

ISBN 978-3-460-23207-5   Verlag Katholisches Bibelwerk
ISBN 978-3-86534-193-8   Ars Liturgica Buch- & Kunstverlag

Inhalt

Zur Einführung 7

Gott ist Wort
Joh 1,1–4 (Prolog) 10

Die Geburt aus Gott und die »Herrlichkeit« im »Fleisch«
Joh 1,12–14 (Prolog) 14

Der Zeuge, der auf uns zukommt
Joh 1,15–17 (Prolog) 18

Suchen, das Wort finden und bei ihm bleiben
Joh 1,35–45 (Die ersten Jünger) 22

Wie der Idealfall ausgesehen hätte
Joh 2,1–11 (Die Hochzeit zu Kana) 25

Wie die Realität aussah
Joh 2,14–21 (Die Vertreibung der Händler aus dem Tempel) 28

Ein Gespräch mit langfristiger Nachwirkung
Joh 3,1–10 (Nikodemus) 31

Zwei ganz unterschiedliche Gesprächsebenen
Joh 4,6–19 (Die Frau am Jakobsbrunnen) 35

»Ich bin es, ich, der mit dir spricht«
Joh 4,19–26 (Die Frau am Jakobsbrunnen) 39

Drei Schritte bis zum Glauben an Jesus
Joh 4,26–34 (Die Frau am Jakobsbrunnen) 41

Eine neue Vorstellung von Gott und vom Einssein
Joh 5,15–20 (Die Vollmacht Jesu) 44

Das Einssein im Wollen
Joh 5,21–30 (Jesu Rede über seine Vollmacht) 47

Das Wort, das schon jetzt vom Tod ins Leben führt
Joh 5,24–29 (Jesu Rede über seine Vollmacht) 50

Kein Zeugnis ist so stark wie die Liebes-Erkenntnis
Joh 5,31–40 (Jesu Rede über seine Vollmacht) 53

Jesus, der furchterregend Andere und doch Tröstende
Joh 6,16–21 (Der Gang Jesu auf dem Wasser) 57

Glauben als Nicht-Tun, damit Gott wirken kann
Joh 6,26–29 (Jesu Rede über das Himmelsbrot) 61

Jesus, das Brot des Lebens
Joh 6,30–36.41–44.45b–47
(Jesu Rede über das Himmelsbrot) 64

Was heißt »das Fleisch und Blut Jesu essen«?
Joh 6,48–57 (Jesu Rede über das Himmelsbrot) 67

An Jesus glauben heißt im Gespräch mit ihm sein
Joh 6,60–71 (Die Spaltung unter den Jüngern) 70

Die Zuspitzung des Konflikts und der Frage an die Leser
Joh 7,37–44 (Der Streit im Hohen Rat um Jesus) 74

Das »Licht der Welt«, Quelle der Zuversicht
Joh 8,12–14 (Jesu Selbstzeugnis) 77

»Warum rede ich überhaupt noch mit euch?«
Joh 8,21–29 (Die Herkunft und Bestimmung Jesu) 80

Ein Leben, das nie mehr umzubringen ist
Joh 8,51–59 (Jesus und Abraham) 82

Die wirklich Sehenden und die wirklich Blinden
Joh 9,1–7 (Die Heilung eines Blinden) 84

Das Gleichnis vom Hirten,
der aus dem Schafstall hinausführt
Joh 10,1–6 (Der Gute Hirt) 87

Lazarus – der Typus des Gläubigen,
der nicht wirklich stirbt
Joh 11,3–16 (Der Tod des Lazarus) 90

Marta – der Typus der gläubigen Angehörigen
Joh 11,21–27 (Der Tod des Lazarus) 93

Die Weissagung über die Auswirkung des Todes Jesu
*Joh 11,41–53 (Auferweckung des Lazarus und
Tötungsbeschluss des Hohen Rates)* 95

Maria – der Typus der verschwenderisch
verehrenden Gläubigen
Joh 12,1–8 (Die Salbung in Betanien) 98

Die »Verherrlichung«
auf dem Weg zur wahren Verherrlichung
Joh 12,12–19 (Der Einzug in Jerusalem) 100

Statt Weisheitserkenntnis Hingabe bis zum Tod
Joh 12,20–33 (Die letzte öffentliche Rede Jesu) 102

Mein Weg ist euer Weg; euer Weg ist mein Weg
Joh 14,1–10 (Das Gespräch über den Weg zum Vater) 105

Jesus im Vater, die Gläubigen in Jesus,
Jesus in den Gläubigen
Joh 14,15–21 (Trostworte an die Jünger) 107

Der Christ und die Welt
Joh 15,18–27 (Der Hass der Welt gegen die Jünger) 109

Wer es nötig hat, gefragt zu werden
Joh 16,25b–33 (Bedrängnis und Friede) 112

Des wahren Königs souveräner Gang in den Tod
Joh 18,1–9 (Die Verhaftung Jesu) 115

Wie die Art der Frage an Jesus den Zugang
zu ihm versperren oder öffnen kann
Joh 18,33–37 (Das Verhör Jesu durch Pilatus) 117

Das Meditationsbild vom Gekreuzigten
Joh 19,23–37 (Die Hinrichtung Jesu) 120

Bleib nicht länger; geh und verkündige!
Joh 20,11–18 (Der Auferstandene und Maria von Magdala) 124

Glaube und werde sehend, auch wenn du nicht siehst!
Joh 20,24–29 (Der Auferstandene und Thomas) 127

Zur Einführung

Das Johannesevangelium ist ein besonderes Evangelium. Es ist ganz anders als die Berichte von Matthäus, Markus und Lukas. Diese lassen sich ganz gut dazu verwenden, sich »über« Jesus, seine Eigenart und seine Botschaft zu informieren; also sich als Betrachter von oben und außen her herauszuhalten.

Der Text des Johannesevangeliums ist anspruchsvoller: Er stellt die Leserinnen und Leser sozusagen auf gleiche Augenhöhe mit Jesus. Sie sollen ihm ernsthaft begegnen, sich von ihm ansprechen lassen, ihm antworten. Diese »Information« ist intensiv, ja wirkt womöglich provozierend: Hier will sich den Leserinnen und Lesern ein Gegenüber, eine einmalige Persönlichkeit »einformen«, damit sie sich selbst und die Welt mit neuen Augen sehen.

Das ist also eine ganz besondere Art, Gott vorzustellen: Die Leserinnen und Leser werden mit einer besonderen Herausforderung konfrontiert, einer ganz persönlichen. Aber warum sollten sie sich angesichts der vielen anderen Stimmen, die heutzutage um sie werben, ausgerechnet auf diese einlassen? Und warum haben das vor ihnen viele getan und tun es auch heute noch viele? Und warum blieben viele, ja noch mehr Menschen für sie verschlossen? Das ist eine der Hauptfragen, die bereits den Verfasser dieses Evangeliums beschäftigte. Er schrieb vermutlich gegen Ende des 1. Jahrhunderts der Zeitrechnung nach der Geburt Christi oder in den ersten Jahren des 2. Jahrhunderts. Damals hatte sich endgültig herausgestellt, dass Jesus von der Mehrzahl der Mitglieder seiner jüdischen Glaubensgemeinschaft abgelehnt wurde. »Er kam in sein Eigentum, aber die Seinen nahmen ihn nicht auf«, stellt er im Vorwort fest (Joh 1,11).

Für ihn war das ein Rätsel, über das er sich den Kopf zerbrach. Er fand keine einfache Antwort darauf. Sein Evangelium schrieb er in erster Linie für seine Mitchristen. Er spielte ihnen das Problem in etlichen Szenen schriftlich durch. Das sollte ihnen helfen, mit dieser offenen Frage zu leben. Gleichzeitig wollte er sie zur Selbstbesinnung anregen – da ja die Grenze zwischen Glauben und Unglauben nicht scharf zwischen einzelnen Menschen verläuft, sondern mitten durch jeden Menschen hindurch.

Denjenigen, die sich von Jesus nicht ansprechen ließen, teilte er dabei plakativ die Rollen der »Juden« und »Pharisäer« zu. Er inszenierte damit eher seine äußere zeitgenössische Erfahrung als die Situation in den Jahren des öffentlichen Wirkens Jesu. Denn in den 80er Jahren waren die Christen offiziell aus dem Judentum ausgestoßen worden. Es war also eine Zeit schroffer gegenseitiger Ablehnung.

Das Bibliodrama des Johannesevangeliums lässt sich mit Menschen aller Zeiten durchspielen. Heute kann man sich auch katholische oder evangelische Christen in der Rolle der »Juden« vorstellen. Das ist im Evangelium die Fraktion derjenigen, die sich derart an ein verfestigtes religiöses Wissen und an bestimmte Praktiken halten, dass sie für eine lebendige, überraschende Rede nicht mehr ansprechbar sind. Anschaulich wird das im 9. Kapitel mit der Geschichte von der Heilung des Blindgeborenen durchgespielt: Ein Blinder kann auf unerklärliche Weise plötzlich sehen; Sehende, die auf ihr Wissen pochen, bleiben auf unerklärliche Weise dafür blind.

Aber warum ist das so? Einmal gibt Jesus die wenig hilfreiche Antwort: »Niemand kann zu mir kommen, wenn nicht der Vater, der mich gesandt hat, ihn zu mir führt« (Joh 6,44). Warum »führt« der »Vater« manche? Warum

»führt« er andere nicht? Es dürfte sich dabei um ein undurchschaubares Ineinanderspiel zweier freier Willen – desjenigen Gottes und desjenigen des Menschen – handeln.

»Führt« er *mich* (noch)? *Möchte* ich (noch) »geführt« werden? Und wenn ja: Ist das schon ein Zeichen dafür, *dass* er mich tatsächlich führt? Augustinus legte Gott die Antwort in den Mund: »Du würdest mich nicht suchen, wenn du mich nicht schon gefunden hättest!« Mit solchen offenen Fragen muss man sich an die Lektüre des Johannesevangeliums begeben. Sonst bleibt es einem verschlossen.

Mehr als alle anderen Texte des Neuen Testaments verlangt das Johannesevangelium – das aus Platzgründen hier nur mit einzelnen Textstücken wiedergegeben werden kann –, dass man es als »geistliche Schriftlesung« angeht: fragend, hörbereit, offen. Hier wendet sich Jesus mit der gleichen Anrede an die Leserin, den Leser, mit der er am Brunnen die fragende Samariterin ansprach: »Ich bin es, ich, der mit dir spricht!« Die erste Antwort darauf könnten die Bitten sein: »Wenn du es bist, dann öffne mein Herz. Lass mich dich verstehen. Triff mich neu.«

Dazu gehört Mut. Fridolin Stier schrieb in seinem Tagebuch, ein Kommentator »über ein so erregendes und im besten Sinne unglaubwürdiges Evangelium ... müsste die Situation herbeiführen, in die ich mich gestellt sehe, wenn der Zoowächter auf einen Tiger hinter Gittern zeigt: ›Sehen Sie, wie er Sie anblickt, er hat es auf Sie abgesehen‹, und dann das Gitter öffnet ...«

Gott ist Wort
Joh 1,1-4 (Prolog)

Im Anfang war das Wort,
und das Wort war bei Gott,
und das Wort war Gott.
Im Anfang war es bei Gott.
Alles ist durch das Wort geworden,
und ohne das Wort wurde nichts, was geworden ist.
In ihm war das Leben,
und das Leben war das Licht der Menschen.

»Im Anfang« kann man auf zwei verschiedene Weisen verstehen: als Zeitangabe (»anfangs«) oder als Bezeichnung der Ur- und Quellwirklichkeit von allem. Im griechischen Text steht dafür »archè«, im lateinischen »principium«, was man als Bezeichnungen Gottes verstehen könnte: »In dieser Quellwirklichkeit war das Wort.« Die übliche Lesart ist natürlich genauso wahr und verträgt sich damit: »Anfangs war das Wort.« Beide Übersetzungen heben die zentrale, fundamentale Bedeutung des »Wortes« hervor.

Schon viele haben versucht, das »Im Anfang war das Wort *(logos)*« mit einer Formulierung zu übersetzen, die ihnen für ihr Weltbild plausibler vorkam. Goethes Faust überlegte, ob er »Im Anfang war der Sinn« schreiben sollte oder »Im Anfang war die Kraft«; schließlich entschied er sich für »Im Anfang war die Tat«. Andere schlagen heute zum Beispiel vor: »Im Anfang war das Eine«, oder »Im Anfang war das Göttliche« oder »Im Anfang war das Nichts«. Aber hier steht: »Im Anfang war das Wort.«

Im Anfang – anfangs und in der Quellwirklichkeit – war also das Wort. Im Text heißt es weiter: »… und das Wort war bei Gott, und das Wort war Gott.« Das heißt: Der Grund der Welt sei »das Wort«. »Grund« hat eine Doppelbedeutung: Grund ist das, worin etwas gründet, wovon es also herkommt und worin es verwurzelt ist, und Grund ist die Begründung, weshalb es etwas gibt.

Der Grund der Welt ist also »das Wort«. Das ist ein eigenartiger Grund. Unter »Grund« im ersteren Sinn stellt man sich gewöhnlich etwas Greifbares, Solides vor, worauf man bauen kann: ein »Grundstück«, eine »Grundlage«. Grundstücke und Grundlagen kann man genau vermessen, definieren und besiedeln. »Das Wort« aber kann man nicht endgültig vermessen, definieren und besiedeln. Es ist etwas Lebendiges. Wird es fixiert, so gerinnt es zum toten Buchstaben, an den man sich klammert und mit dem man womöglich andere bedroht.

Genau so wenig ist der »Grund« der Welt im zweiten Sinn fassbar: der Grund, aus dem es sie gibt. Der Grund, aus dem sie gesprochen wurde, bleibt verborgen. Das lebendige Wort ist und bleibt die Brücke zu dem, der es spricht. Nur indem man auf dieses Wort und damit auf den, der es spricht, horcht und antwortet, bleibt es lebendig und bleibt für einen derjenige lebendig, der es spricht.

In unserem Text wird über die Eigenart des Wortes sogar noch mehr gesagt: »Das Wort war bei Gott, und das Wort war Gott.« Das heißt: Das Wort, von dem hier die Rede ist, ist identisch mit Gott. Es ist das Wort schlechthin, das ganz den enthält, der es spricht.

»Im Anfang war es bei Gott.« Mit »im Anfang« ist kein Zeitpunkt in ferner Vergangenheit gemeint, sondern eine Grundwirklichkeit, ein Seinszustand.

Wenn im Anfang – der immer war, immer ist und immer sein wird – das Wort war, und wenn das Wort bei Gott war, ja Gott war, ist und sein wird, dann ließe sich sagen: Gott ist seinem Wesen nach ein Sprechender, der sich selbst unaufhörlich als Wort ausspricht. Denn dieses Wort sei Gott, heißt es in unserem Text. Jedes Sprechen, jedes Wort braucht aber einen Adressaten, sonst ist es sinnlos. Das sprengt die gängige Vorstellung vom Ur-Einen, sich selbst genügenden Gott. Zweifellos ist Gott Einer, aber auf eine Weise, die gegen alle Mathematik verstößt. Darum wurde Gott in der christlichen Kunst unzählige Male als Gespräch dargestellt: als Gott-Vater und Gott-Sohn, über oder zwischen denen als Bild und Inbegriff ihres Gesprächs die Geist-Taube schwebt. Leider verlagerte sich die Aufmerksamkeit zunehmend auf die drei Gestalten, und am Ende sah man das Entscheidende, das sich nicht abbilden ließ, nicht mehr: das Gespräch, das Wort. Man sah nur noch die Gestalten. In Wirklichkeit kommt es darauf an, auf die geheimnisvolle, bildlose kreative Mitte zu blicken, die sie umgeben und auf die sie verweisen.

Im ersten Schöpfungsbericht gibt es die merkwürdige Stelle: »Dann sprach Gott: Lasst uns Menschen machen als unser Abbild, uns ähnlich« (Gen 1,26). Zu wem hätte der Schöpfer »im Anfang«, als es ausschließlich ihn gab, dieses sozusagen kollegiale »Lasst *uns* …« denn sprechen können? In der rabbinischen Literatur wird die Vermutung geäußert, er habe das zu den Engeln gesagt. Von deren Existenz war aber zuvor nicht die Rede. Zudem hätte er mit seinem Vorhaben, die Menschen zu erschaffen »als *unser* (das hieße nach dieser Deutung: meiner und euer, der Engel) Abbild, *uns* ähnlich«, seine Einmaligkeit verwischt, indem er sich mit den Engeln gleichgesetzt hätte. Wahrscheinlicher ist, dass der Eine paradoxerweise ein Wir mitten im Gespräch ist, und dass umgekehrt das Wir dank seines einmalig intensiven Gesprächs Einer ist.

Wenn dieser Unfassbare aber sagt, er wolle »Menschen machen als unser Abbild, uns ähnlich«, und wir Menschen das Ergebnis sind, dann müssten wir umgekehrt vom Umstand, tatsächlich sein Abbild, ihm ähnlich zu sein, auf ihn schließen können, ohne ihn willkürlich und auf irrtümliche Weise immer bloß zu unserem Abbild, zu einer Projektion unserer selbst zu machen.

Tatsächlich sind wir Menschen so geschaffen, dass wir als »Gespräch« angelegt sind, das heißt, angewiesen auf die lebendige Beziehung zu unseresgleichen. Kleinkinder, mit denen nie ein Mensch sprechen würde, sterben. Grausame Experimente haben das bewiesen. Es gibt kein menschliches Leben vollkommen ohne Gespräch. Im Gespräch, im Wort, wird Leben vermittelt – ein Leben, ja das Leben als solches, das man nicht greifen und be-greifen kann, sondern nur er-leben. Tatsächlich heißt es deshalb in unserem Text weiter: »In ihm (dem Wort) war das Leben, und das Leben war das Licht der Menschen.« So kann man nur im Gespräch mit diesem Wort etwas von ihm erfassen. Alles Reden *über* es bleibt lichtlose Theorie.

Die ersten vier Sätze des Johannesevangeliums kündigen an, worum es im ganzen Evangelium gehen soll: um die Begegnung mit diesem einmaligen Wort, um ein Gespräch mit ihm. Da spricht Jesus – das Wort – auf dem Weg über die toten Buchstaben des inzwischen gedruckten Textes von sich selbst und möchte den Leser, die Leserin so lebendig ansprechen wie vor zweitausend Jahren. Richtig entsprechen kann man ihm nur, indem man sich auf ein persönliches Gespräch mit ihm einstellt. Sofern man in dieses Gespräch eintritt, beginnt – wie in jedem echten Gespräch – der kreative Geist zwischen den Gesprächspartnern zu wirken. Er kann alles, was bisher wie bloßes Wasser aussah, in spritzigen Wein verwandeln. Dann können Tote hören und Blinde sehen; Tauben und Lahmen wird auf die Sprünge geholfen.

Die Geburt aus Gott und die »Herrlichkeit« im »Fleisch«
Joh 1,12-14 (Prolog)

> *Allen aber, die ihn aufnahmen,*
> *gab er Macht, Kinder Gottes zu werden,*
> *allen, die an seinen Namen glauben,*
> *die nicht aus dem Blut,*
> *nicht aus dem Willen des Fleisches,*
> *nicht aus dem Willen des Mannes,*
> *sondern aus Gott geboren sind.*
> *Und das Wort ist Fleisch geworden*
> *und hat unter uns gewohnt,*
> *und wir haben seine Herrlichkeit gesehen,*
> *die Herrlichkeit des einzigen Sohnes vom Vater,*
> *voll Gnade und Wahrheit.*

Wenn der Grund der Welt das »Wort« ist und alles durch es geworden und ohne es nichts geworden ist, was geworden ist (vgl. Joh 1,4), dann heißt das: Die Dimension der Welt, die die Naturwissenschaften erforschen, ist eine sekundäre Dimension. Diese ist den Gesetzmäßigkeiten von Raum und Zeit und der Vergänglichkeit unterworfen. Das kreative Wort »es werde …« hat sie hervorgerufen (vgl. Gen 1) und sie wird vom Hauch dieses Wortes im Dasein erhalten. Dieser Hauch des Wortes verleiht »den Menschen auf der Erde den Atem und allen, die auf ihr leben, den Geist« (Jes 42,5). Der Psalmist ruft deshalb demjenigen, der dieses Wort spricht und den Hauch aussendet (er tut dies ja in einem ewigen »Jetzt«) mit einer Mischung aus

Bewunderung und Furcht zu: »Nimmst du ihnen den Atem, so schwinden sie hin und kehren zurück zum Staub der Erde« (Ps 104,29).

Nach allem, was die Naturwissenschaften wissen, mag das Universum zwar unvorstellbar lange andauern, aber grundsätzlich sinkt alles in den »Wärmetod« zurück, in die Reduzierung aller Polaritäten, Spannungen und Energien zu null. Es ist seiner Substanz und Struktur nach nicht ewig.

Wer dieser Vergänglichkeit entkommen wolle, so sagt der Evangelist, müsse auf eine andere Weise geboren werden als in der Kette der biologischen Zeugung immer neuen Lebens, also in der Dimension von »Blut«, »Willen des Fleisches« und »Willen des Mannes«: Er/sie müsse »aus Gott geboren werden«, in der primären Dimension des ewigen »Wortes«.

Bereits menschliche, grundsätzlich vergängliche Worte verfügen über eine sehr viel stärkere Lebenskraft und Lebensdauer als das biologische Leben derer, die sie sprachen. Die Worte von Philosophen und Weisen, die physisch seit Jahrtausenden tot und verwest sind, wirken zum Teil heute noch so lebendig wie zu deren Lebzeiten. Sie sind sogar weiter verbreitet als damals und inspirieren die Menschen heute und morgen und auf unabsehbare Zeit weiterhin. Bereits menschliche Worte können also eine schwache Ahnung von jener Vitalität des Wortes geben, die das biologische Dasein weit übersteigt. Von daher lässt sich die Möglichkeit an-denken – wenn auch keineswegs »beweisen« –, dass mit dem Absterben unseres Gehirns, des biologischen Trägers aller unserer endlichen »Worte«, das, was wir im Bereich des Geistes gelebt und erlebt haben, nicht unbedingt für immer verlöschen muss.

Man hat aus solchen Überlegungen in der Geschichte immer wieder die »dualistische« Vorstellung abgeleitet, es gebe eine vergängliche, im Grunde wenig wertvolle Welt des »Fleisches« und eine ewige, kostbare Welt des »Geistes«. Der weise Mensch solle die vergängliche Welt verachten und sich ganz der Welt des Geistes zuwenden. Das war ein Missverständnis. Hier, im Prolog des Johannesevangeliums, wird genau die Gegenbewegung verkündet: »Das Wort ist Fleisch geworden und hat unter uns gewohnt und wir haben seine Herrlichkeit gesehen, die Herrlichkeit des einzigen Sohnes vom Vater, voll Gnade und Wahrheit.«

Antiken Schriften ist es eigen, dass im Prolog alle wichtigen Themen des anschließenden Textes angekündigt werden. Daraufhin sollte man den Prolog des Johannesevangeliums sehr sorgfältig abhören. Das kann hier nur in Auszügen geschehen. Das gerade genannte ist eines der wichtigsten Themen: Dass das Wort ins Fleisch gekommen sei, unter uns gewohnt und uns die Möglichkeit, ja »Macht« eröffnet habe, »Kinder Gottes« zu werden – »Verwandte« Gottes auf der Ebene des Wortes.

Seit dem Ereignis, dass das Wort Fleisch wurde, »wohnt« die »Herrlichkeit« des Wortes »im Fleisch«. Der Verfasser des Johannesevangeliums ist von dieser Wahrnehmung fasziniert und will von ihr Zeugnis geben. Er wird einen Jesus schildern, aus dem diese Herrlichkeit immer wieder aufblitzt. Der griechische Begriff für »Herrlichkeit«, »doxa« – lateinisch »gloria« –, wurde schon treffend mit »Lichtwucht« übersetzt: Tatsächlich ist damit die atemberaubende Wucht eines unerklärlichen Lichts, einer faszinierenden Ausstrahlung gemeint.

Nicht nur aus Jesus blitzte diese Herrlichkeit auf, sondern »allen, die ihn aufnahmen, gab er (genauso) Macht, Kinder Gottes zu werden«. Um die »Lichtwucht« im »Fleisch« dieser »Kinder Gottes« sehen zu können, bedarf es neuer Augen.

Typisch für den Verfasser des Johannesevangeliums ist, dass er nicht schreibt, was *werden müsse*. Er schreibt von dem, was bereits ist. Wir sehen es nur noch nicht, weil wir noch blind dafür sind.

Die anderen drei Evangelisten erzählen, Jesus habe sein öffentliches Wirken mit dem Aufruf begonnen, die Menschen sollten umkehren: Matthäus (4,17) und Markus (1,15) ausdrücklich, Lukas (4,16–30) indirekt.

Anders Johannes: Da ist Jesus einfach *da*, ruft und beruft die Menschen gar nicht, sondern lädt nur ein: »Kommt und seht!« (Joh 1,39) und verspricht: »Ihr werdet den Himmel geöffnet und die Engel Gottes auf- und niedersteigen sehen über dem Menschensohn« (Joh 1,51).

Von daher ist das Johannesevangelium das kontemplativste Evangelium: Es lädt zum *Schauen* ein. Es will die Augen öffnen für die »Herrlichkeit« Gottes, die dank des »Wortes« im »Fleisch« verborgen ist. Das ist eine andere Dimension als die ästhetische Schönheit der Schöpfung Gottes. Es ist eine geheimnisvolle Anwesenheit. Darauf gilt es sich gefasst zu machen.

Der Zeuge,
der auf uns zukommt
Joh 1,15-17 (Prolog)

Johannes legte Zeugnis für ihn ab und rief: Dieser war es, über den ich gesagt habe: Er, der nach mir kommt, ist mir voraus, weil er vor mir war.
Aus seiner Fülle haben wir alle empfangen,
Gnade über Gnade.
Denn das Gesetz wurde durch Mose gegeben, die Gnade und die Wahrheit kamen durch Jesus Christus. Niemand hat Gott je gesehen. Der Einzige, der Gott ist und am Herzen des Vaters ruht, er hat Kunde gebracht.

Hier ist von Johannes dem Täufer die Rede, der sich selbst mit einem Zitat aus Jesaja (40,3) als »die Stimme, die in der Wüste ruft« bezeichnete (Joh 1,23), also seine Identität und Berufung ganz vom »Wort« her definierte. Er wollte die Menschen darauf einstimmen, zu hören – nicht auf ihn, den Sprechenden, sondern auf das »Wort«, das nach ihm komme, aber ihm voraus sei.

Johannes der Täufer ist das Idealbild des »Zeugen« für das Wort, der die Aufmerksamkeit nicht auf sich selbst zieht, sondern ausschließlich auf das Wort lenkt, das unendlich größer ist als er.

Im 3. Kapitel des Johannesevangeliums wird von einem Konflikt berichtet, zu dem es deswegen kam. Das Problem entstand nicht für den Täufer Johannes, sondern für seine Jünger. Sie sagten zu ihm: »Rabbi, der Mann, der auf der anderen Seite des Jordan bei dir war und für den du Zeugnis abgelegt hast, der tauft jetzt, und alle laufen zu ihm.« Offensichtlich hatten seine Jünger um ihn eine eigene Glaubensgemeinde gründen wollen und waren jetzt alarmiert, dass Jesus ihr die Mitglieder abwarb. Die Stellungnahme des Johannes war von bewundernswerter Konsequenz: »Kein Mensch kann sich etwas nehmen, wenn es ihm nicht vom Himmel gegeben ist. Ihr selbst könnt mir bezeugen, dass ich gesagt habe: Ich bin nicht der Messias, sondern nur ein Gesandter, der ihm vorausgeht. Wer die Braut hat, ist der Bräutigam; der Freund des Bräutigams aber, der dabei steht und ihn hört, freut sich über die Stimme des Bräutigams. Diese Freude ist nun für mich Wirklichkeit geworden. Er muss wachsen, ich aber muss kleiner werden« (Joh 3,25–30). Bemerkenswert ist, dass auch hier wieder von der »Stimme« des »Wortes«, nämlich Jesu, die Rede ist.

Im Zusammenhang mit dem Täufer Johannes wird außerdem auffallend oft der Begriff »Zeugnis« verwendet. Er wird in den Schlusssätzen des Johannesevangeliums (vermutlich von einem anderen Schreiber) auch auf den Verfasser des Evangeliums angewandt: »Dieser Jünger ist es, der all das bezeugt und es aufgeschrieben hat; und wir wissen, dass sein Zeugnis wahr ist« (Joh 21,24).

Der »Zeuge« ist also derjenige, der das Wort aufnehmen und unverfälscht weitergeben kann, weil er ihm nichts Selbstbezogenes beimischt. Das Wort hat ihm geholfen, sich selbst und seine Aufgabe zu erkennen. So kann er sich zurücknehmen und reine »Stimme« werden.

Der erste Schritt bei der Begegnung mit dem »Wort« wird also gewiss der sein, dass man sich Zeit nimmt, um mit ihm tief vertraut zu werden. In unserem Text wird dafür das Bild vom »Ruhen am Herzen« verwendet. Wer im Wort »ruht«, kann nach Art einer Osmose von der Eigenart des »Wortes« durchdrungen werden. Ist das nicht der Fall, läuft man Gefahr, mehr von sich selbst zu reden als das Wort zu vermitteln, oder zum Funktionär einer Organisation zu werden, die womöglich vorwiegend nur Worte über das Wort verbreitet.

Sodann wird ein Aspekt wiederholt, von dem bereits die Rede war: Das »Neue«, wovon die »Zeugen« sprechen, ist kein »Gesetz« mehr (»denn das Gesetz wurde durch Mose gegeben«), also keine neue Handlungsanweisung, sondern eine neue Wirklichkeit: »Die Gnade und die Wahrheit kamen durch Jesus Christus« (Joh 1,17).

Mit dieser »Gnade und Wahrheit« ist nicht nur ein neues Prinzip, sind nicht bloß neue Spielregeln in die Welt gekommen. Dass »Gnade und Wahrheit« Umschreibungen dessen sind, den man in der damaligen jüdischen Tradition gar nicht direkt benannte, zeigt der folgende Satz deutlich an, der ihn benennt: »Niemand hat Gott je gesehen« (Joh 1,18a). Gott bleibt auch weiterhin in seinem Geheimnis, unbegreiflich und alle unsere Vorstellungen sprengend. Angesichts der Unbegreiflichkeit und Rätselhaftigkeit von vielem in der Welt – etwa des immer wieder scheinbar übermächtigen Bösen und des Unrechts und Leids – wird das zuweilen fast unerträglich.

Aber »der Einzige, der Gott ist und am Herzen des Vaters ruht, er hat Kunde gebracht« (Joh 1,18b). Das ist das Neue, Paradoxe: Gott bleibt unsichtbar und hat uns jetzt trotzdem sein Gesicht gezeigt: das Fleisch gewordene Wort. Dessen irdischer Name wird noch gar nicht genannt. Erst in Vers 1,29 wird er enthüllt, und zwar mit einer Formulierung, die man nicht überlesen sollte: »Am Tag darauf sah er Jesus auf sich zukommen.« Das ganze Johannesevangelium hat diese Absicht: Den Leserinnen und Lesern die Augen zu öffnen, damit sie »Jesus auf sich zukommen« sehen. Er offenbart ihnen mit seinen Worten und seiner Existenz, *wie* der unsichtbare Gott ist.

Der Verfasser des Evangeliums soll nach der Überlieferung derjenige sein, der beim Abendmahl »an der Seite Jesu lag« (Joh 13,23). Ob das historisch stimmt, ist umstritten. Aber das Bild trifft bestimmt auf ihn zu: Er hat intensiv erfasst, welche Kunde »der Einzige, der Gott ist und am Herzen des Vaters ruht«, gebracht hat.

Suchen, das Wort finden und bei ihm bleiben
Joh 1,35–45 (Die ersten Jünger)

Am Tag darauf stand Johannes wieder dort, und zwei seiner Jünger standen bei ihm. Als Jesus vorüberging, richtete Johannes seinen Blick auf ihn und sagte: Seht, das Lamm Gottes! Die beiden Jünger hörten, was er sagte, und folgten Jesus. Jesus aber wandte sich um, und als er sah, dass sie ihm folgten, fragte er sie: Was wollt ihr? Sie sagten zu ihm: Rabbi ..., wo wohnst du? Er antwortete: Kommt und seht! Da gingen sie mit und sahen, wo er wohnte, und blieben jenen Tag bei ihm; es war um die zehnte Stunde. Andreas, der Bruder des Simon Petrus, war einer der beiden, die das Wort des Johannes gehört hatten und Jesus gefolgt waren. Dieser traf zuerst seinen Bruder Simon und sagte zu ihm: Wir haben den Messias gefunden ... Er führte ihn zu Jesus ...

Am Tag darauf wollte Jesus nach Galiläa aufbrechen; da traf er Philippus. Und Jesus sagte zu ihm: Folge mir nach! Philippus traf den Natanaël und sagte zu ihm: Wir haben den gefunden, über den Mose im Gesetz und auch die Propheten geschrieben haben: Jesus aus Nazaret, den Sohn Josefs.

Wenn das Johannesevangelium erst gegen 100 n. Chr. geschrieben wurde, ist die Wahrscheinlichkeit, dass der Verfasser Jesus noch persönlich gekannt hatte, gering. Auf jeden Fall schrieb er für Leserinnen und Leser einer nachgeborenen ersten, ja bereits zweiten Generation, die sich ganz auf Erzählungen über ihn verlassen mussten. Diese Menschen konnten nicht mehr persönlich von Jesus angesprochen werden, wie das in den ersten drei Evangelien aus der noch lebendigen Erfahrung beschrieben wird: Da geht Jesus auf die Menschen zu und beruft sie in seine Nachfolge. Liest man diese Schilderung etwa bei Markus 1,16–20 und vergleicht sie mit dem hier – etwas gerafft – zitierten Text von Johannes, so fällt einem der starke Unterschied auf. Jetzt begegnen die Menschen Jesus auf das Wort anderer hin, die ihn bereits kennen gelernt haben. So entsteht eine Kette (das, was man später als »Tradition«, also »Weitergabe« des Glaubens, bezeichnen wird): Es fängt damit an, dass Jesus auf Johannes den Täufer zugeht (Joh 1,19). Johannes sagt es hierauf Andreas, Andreas sagt es Simon, Simon sagt es Philippus, Philippus sagt es Natanaël und so fort, bis in unsere Tage.

Wieder ist es das *Wort*, was hier entscheidend im Spiel ist und die Verbindung herstellt. Paulus schrieb: »So gründet der Glaube in der Botschaft, die Botschaft im Wort Christi« (Röm 10,17).

Im Kontext der heutigen spirituellen Suche und Praxis dürfte es wichtig sein, dies deutlich zu sehen. Die Aufforderung: »Geh, wohin das Wort (des Johannes, des Simon und aller anderen in dieser Kette) dich führt!« ist eine radikale Alternative zur beliebten Anleitung »Geh, wohin dein Herz dich führt!« Wer nur dem Zug seiner Sehnsucht folgt, läuft Gefahr, nicht aus dem Kreisen um sich selbst und seine eigenen Erwartungen herauszukommen und sich eben nur seine eigenen Wünsche zu erfüllen. Das Wort dagegen kann den Menschen Wege führen (und tut es meistens), auf die er von sich aus nie gekommen wäre. Dieses Thema wird im Nachtrag des Evangeliums noch einmal aufgegriffen werden. Da sagt der Auferstandene zu Petrus – und die einleitenden Worte deuten das Gewicht dieser Aussage an –: »Amen, amen, das sage ich dir: Als du noch jung warst, hast du dich selbst gegürtet und konntest gehen, wohin du wolltest. Wenn du aber alt geworden bist, wirst du deine Hände ausstrecken und ein anderer wird dich gürten und dich führen, wohin du nicht willst« (Joh 21,18).

Nach dem, was der Mensch will, wird im Evangelium durchaus gefragt. Im Johannesevangelium ist diese Frage sogar der erste Satz, der Jesus überhaupt in den Mund gelegt wird. Er wendet sich nach den beiden Jüngern um, die ihm auf das Wort Johannes des Täufers hin nachgegangen waren, und fragt sie: »Was wollt ihr?«

Dieser Frage, diesem ersten Wort Jesu im Evangelium, sollte sich auch jede und jeder stellen, die es lesen: »Was wollt ihr?« Wozu lest ihr diesen Text hier? – Es ist bemerkenswert, dass die beiden Jünger keine direkte Antwort geben. Ihre Antwort steckt in ihrer Gegenfrage: »Wo wohnst du?« Damit setzen sie zum Schritt über sich selbst hinaus an: »Da gingen sie mit und sahen, wo er wohnte, und blieben jenen Tag bei ihm.« Denn ihre Gegenfrage hatte die Einladung ausgelöst: »Kommt und seht!« Das hatten sie ja gesucht: Einige Zeit bei ihm verweilen, »bleiben« zu dürfen. Dieses Stichwort wird im 15. Kapitel des Evangeliums eine wichtige Rolle spielen. Da sagt Jesus in seinen »Abschiedsreden« zu denen, die sich ihm angeschlossen hatten: »Wenn ihr in mir bleibt und wenn meine Worte in euch bleiben, dann bittet um alles, was ihr wollt: Ihr werdet es erhalten« (Joh 15,7).

Den Text des Evangeliums zu lesen, ist eine erste Form, aufmerksam bei Jesus zu bleiben und seine Worte aufzunehmen, damit sie in einem bleiben und nachwirken.

Wie der Idealfall ausgesehen hätte
Joh 2,1-11 (Die Hochzeit zu Kana)

Am dritten Tag fand in Kana in Galiläa eine Hochzeit statt, und die Mutter Jesu war dabei. Auch Jesus und seine Jünger waren zur Hochzeit eingeladen. Als der Wein ausging, sagte die Mutter Jesu zu ihm: Sie haben keinen Wein mehr. Jesus erwiderte ihr: Was willst du von mir, Frau? Meine Stunde ist noch nicht gekommen. Seine Mutter sagte zu den Dienern: Was er euch sagt, das tut! Es standen dort sechs steinerne Wasserkrüge, wie es der Reinigungsvorschrift der Juden entsprach; jeder fasste ungefähr hundert Liter. Jesus sagte zu den Dienern: Füllt die Krüge mit Wasser! Und sie füllten sie bis zum Rand. Er sagte zu ihnen: Schöpft jetzt und bringt es dem, der für das Festmahl verantwortlich ist. Sie brachten es ihm. Er kostete das Wasser, das zu Wein geworden war. Er wusste nicht, woher der Wein kam; die Diener aber, die das Wasser geschöpft hatten, wussten es. Da ließ er den Bräutigam rufen und sagte zu ihm: Jeder setzt zuerst den guten Wein vor und erst, wenn die Gäste zu viel getrunken haben, den weniger guten. Du jedoch hast den guten Wein bis jetzt zurückgehalten. So tat Jesus sein erstes Zeichen, in Kana in Galiläa, und offenbarte seine Herrlichkeit, und seine Jünger glaubten an ihn.

Viel stärker als die anderen Evangelisten komponierte der Verfasser des Johannesevangeliums seine Erzählungen als Bilder voller dichter Aussagen. Bestimmte Themen ziehen sich in kunstvollen Verknüpfungen durch den ganzen Text, so dass sich immer wieder überraschende Zusammenhänge entdecken lassen. Es wird keine genaue zeitliche Abfolge geschildert, sondern in szenischen Bildern aus dem Leben Jesu werden dessen Person, Werk und Botschaft vorgestellt.

Die beiden Erzählungen vom Weinwunder zu Kana und von der Vertreibung der Händler aus dem Tempel wirken wie die beiden Flügel des Eingangstores in das Drama, in das Jesus seine Jünger – und auch die Leserinnen und Leser des Evangeliums, die hoffentlich zu solchen werden – mit hineinnimmt. Auf diesen beiden Flügeln, dem hellen und dem dunklen, sind das Ziel und der Weg dorthin angekündigt: ein Durchbruch in eine neue Welt und der Abbruch einer alten.

In Kana spielt der Evangelist den Idealfall durch, wie er hätte ausgehen können. Das Ergebnis dieser Geschichte lautet: »Und seine Jünger glaubten an ihn.« In Wirklichkeit musste Jesus seine Jünger noch gegen Ende des Evangeliums skeptisch fragen: »Glaubt ihr jetzt?« (Joh 16,31).

Nur hier am Anfang des Evangeliums und später, gegen Ende, unter dem Kreuz Jesu, lässt er die Mutter Jesu auftreten, die Jesus eigenartig distanziert als »Frau« anredet. Dass sie »Maria« geheißen habe, wird nie gesagt. Man kann unter dieser »Mutter« Israel verstehen, aus dem er geboren ist. Als »der Wein dahin ist« und »alle, die einst so heiter waren, seufzen« und in der »öden Stadt die Leute jammern: Es gibt keinen Wein mehr!« (vgl. Jes 24,7.10–11), verweist diese Mutter die Klagenden auf den Sohn: »Was er euch sagt, das tut!« Dieser wird später auf die Frage »Was müssen wir tun?« die Antwort geben: »An den glauben, den Gott gesandt hat« (vgl. Joh 6,28–29).

In der Kana-Geschichte tun sie, was er sagt und erleben das messianische Freudenfest, »ein Festmahl mit den feinsten Speisen, ein Gelage mit erlesenen Weinen!« (vgl. Jes 25,6). Jesus »offenbarte seine Herrlichkeit, und seine Jünger glaubten an ihn« (Joh 2,11).

So hätte es verlaufen können. Aber der Schmerz der Christen, für die der Evangelist schrieb, war, dass die »Mutter« nicht zum Sohn hingeführt hatte, sondern ihn – und sie – hinausgeworfen hatte.

Auf den Hinweis der Mutter: »Sie haben keinen Wein mehr« hatte der Sohn zunächst eigenartig abweisend reagiert: »Was willst du von mir, Frau? Meine Stunde ist noch nicht gekommen.« Den entscheidenden Impuls zum Handeln kann ihm nicht die »Mutter« auf Grund ihrer Erwartungen geben. Später wird er erklären: »Der Sohn kann nichts von sich aus tun, sondern nur, wenn er den Vater etwas tun sieht« (Joh 5,19).

Jesus stellt also geradezu brüskierend klar, dass ihm einzig der Vater das Signal geben könne, wann seine »Stunde« zum Handeln gekommen sei. In diesem Glücksfall bestätigt der Vater das Signal der Mutter. Damit entsteht – wie in der vorigen Geschichte – wieder eine Kette: Was ihm der Vater sagt, das tut der Sohn; was der Sohn sagt, tun – auf Anweisung der Mutter – die Diener, und dank dieser Rückbindung an den Ur-Anfang, die Quellwirklichkeit, kann am Ende wunderbar Neues aufquellen: der »gute Wein«. Damit wird der Lauf der Welt umgekehrt, wie der für das Festmahl Verantwortliche feststellt: Das Beste steckt nicht in den Anfängen (wie man sie als »Hochzeiten« – Hoch-Zeiten – rauschend feiert), sondern im berauschenden Ziel.

Die Reaktion Jesu ist ein bemerkenswertes Modell dafür, wie sich auch der Mensch, der einige Zeit bei Jesus »bleibt« und von ihm lernt, verhalten wird: Er vernimmt den Anspruch der jeweiligen Situation, nimmt sich (kurz!) Zeit für die Fragen: Was ist im Sinne Jesu und des Vaters? und: Was ist mir konkret zu tun aufgetragen?, versucht die Antwort zu hören und schreitet dann zur Tat.

Wie die Realität aussah
Joh 2,14–21 (Die Vertreibung der Händler aus dem Tempel)

> *Im Tempel fand Jesus die Verkäufer von Rindern, Schafen und Tauben und die Geldwechsler, die dort saßen. Er machte eine Geißel aus Stricken und trieb sie alle aus dem Tempel hinaus, dazu die Schafe und Rinder; das Geld der Wechsler schüttete er aus, und ihre Tische stieß er um. Zu den Taubenhändlern sagte er: Schafft das hier weg, macht das Haus meines Vaters nicht zu einer Markthalle! Seine Jünger erinnerten sich an das Wort der Schrift: Der Eifer für dein Haus verzehrt mich. Da stellten ihn die Juden zur Rede: Welches Zeichen lässt du uns sehen als Beweis, dass du dies tun darfst? Jesus antwortete ihnen: Reißt diesen Tempel nieder, in drei Tagen werde ich ihn wieder aufrichten. Da sagten die Juden: Sechsundvierzig Jahre wurde an diesem Tempel gebaut und du willst ihn in drei Tagen wieder aufrichten? Er aber meinte den Tempel seines Leibes.*

Die anderen drei Evangelisten erzählen diese Episode von der Vertreibung der Händler aus dem Tempel erst unmittelbar vor der Passionsgeschichte. Johannes setzt sie hierher, um dem Idealbild vom Weinwunder auf der Hochzeit von Kana in hartem Kontrast die Realität gegenüberzustellen: die Konfrontation, die zum Hinauswurf und Tod Jesu führen wird. Jesus wird diesen Tod auf sich nehmen, um das Idealbild vom »dritten Tag« in Kana (Joh 2,1) an einem neuen »dritten Tag« (wie es auch hier, 2,19, wörtlich übersetzt heißt) tatsächlich wahr werden zu lassen, und zwar in ganz anderen Dimensionen.

Wurde also Jesus bei der Hochzeit von Kana als liebenswürdig leise auftretend vorgestellt, so jetzt von einer ganz anderen Seite: Zornig knüpft er aus Stricken eine Geißel und treibt damit Händler und Vieh aus dem Tempel, fegt die Geldstapel von den Verkaufstischen und stößt diese um.

Das ist die einzige gewalttätige Handlung, die von diesem ansonsten ganz und gar gewaltfreien Jesus berichtet wird. Dass er ausgerechnet im Fall von Geld und Kommerz keine andere Möglichkeit sieht, als eine Ausnahme von seiner Sanftmut und Gewaltlosigkeit zu machen, ließe sich heutzutage sehr aktuell deuten, in einer Zeit, in der die Logik des Kommerzes die Logik des Humanen zunehmend zu überrollen scheint – von der Logik des Glaubens ganz zu schweigen. Auch bei Matthäus findet sich die kompromisslose Aussage: »Ihr könnt nicht beiden dienen, Gott und dem Mammon« (Mt 6,24).

Aber es geht ihm nicht um Gesellschaftskritik, sondern um den tieferen Grund dafür, dass eine Gesellschaft krank wird. Im Zentrum dieses Textabschnitts stehen die Bilder »Haus« und »Tempel«. Den Tempel, der dazu errichtet worden war, die Gegenwart des geheimnisvoll unsichtbaren Gottes zu bergen und »das Haus meines Vaters« zu sein, hatten die Menschen zur »Markthalle« verkommen lassen.

Äußerlich handelt es sich um das Tempelgebäude in Jerusalem. Aber »Tempel« bezeichnet gleichzeitig noch mehrere andere Ebenen.

Ein »Tempel«, ein »Haus« ist auch der Mensch. Paulus schrieb an die Korinther: »Wisst ihr nicht, dass euer Leib ein Tempel des Heiligen Geistes ist, der in euch wohnt?« (1 Kor 6,19). Die Stelle Joh 1,14 lässt sich sogar wörtlich so übersetzen: »Das Wort ist Fleisch geworden und hat *in* uns gewohnt.« Auch dieses Haus kann zur Markthalle verkommen und seine innere Mitte verlieren.

Ein »Tempel« ist seit zweitausend Jahre auch die Kirche als Gemeinschaft derer, in denen der Geist und das Wort wohnen. Auch darin können andere Ambitionen und Aktivitäten Gott eher verstellen als offenbaren.

Hier im Text »meinte Jesus den Tempel seines Leibes«. Auch wenn seine Gegner ihn niederreißen würden, werde er ihn »in drei Tagen wieder aufrichten«. Das leibhaftige Wort Gottes ist nicht auf Dauer umzubringen.

Wenn diese Mitte des »Tempels« verloren geht, verliert der Tempel auf allen diesen Ebenen seinen Sinn und verkommt. Darum muss dieser Punkt kompromisslos geklärt werden; und deshalb schreitet Jesus hier derart energisch ein. Da dies ungeheuer viele Interessen stört, ist diese Klärung tödlich mühsam. Jesus wird sich dieser Mühsal stellen. Der Eifer für Gottes Haus wird ihn verzehren (vgl. Joh 2,17 / Psalm 69,10).

Wie blind seine Gegner sind, zeigt auf ironische Weise ihre Aufforderung: Er solle ein Zeichen tun, um damit zu beweisen, dass er das tun dürfe. Er ist mit seiner ganzen Existenz dieses Zeichen.

Mit seiner Antwort »Reißt diesen Tempel nieder, in drei Tagen werde ich ihn wieder aufrichten« beginnt die lange Reihe der Episoden im Evangelium, bei denen Jesus und seine Gegner regelmäßig aneinander vorbeireden. Jesus geht fast nie auf die zu vordergründigen Fragen seiner Gesprächspartner ein, sondern will sie mit seinen Antworten verblüffen, um sie auf eine andere Ebene zu führen. Es geht um eine radikal neue Sehweise, ja um eine Neugeburt, hinein in eine Welt mit anderen Perspektiven, Werten und Inhalten.

Ein Gespräch mit langfristiger Nachwirkung
Joh 3,1–10 (Nikodemus)

Es war ein Pharisäer namens Nikodemus, ein führender Mann unter den Juden. Der suchte Jesus bei Nacht auf und sagte zu ihm: Rabbi, wir wissen, du bist ein Lehrer, der von Gott gekommen ist; denn niemand kann die Zeichen tun, die du tust, wenn nicht Gott mit ihm ist. Jesus antwortete ihm: Amen, amen, ich sage dir: Wenn jemand nicht von Neuem geboren wird, kann er das Reich Gottes nicht sehen. Nikodemus entgegnete ihm: Wie kann ein Mensch, der schon alt ist, geboren werden? Er kann doch nicht in den Schoß seiner Mutter zurückkehren und ein zweites Mal geboren werden. Jesus antwortete: Amen, amen, ich sage dir: Wenn jemand nicht aus Wasser und Geist geboren wird, kann er nicht in das Reich Gottes kommen. Was aus dem Fleisch geboren ist, das ist Fleisch; was aber aus dem Geist geboren ist, das ist Geist. Wundere dich nicht, dass ich dir sagte: Ihr müsst von Neuem geboren werden. Der Wind weht, wo er will; du hörst sein Brausen, weißt aber nicht, woher er kommt und wohin er geht. So ist es mit jedem, der aus dem Geist geboren ist. Nikodemus erwiderte ihm: Wie kann das geschehen? Jesus antwortete ihm: Du bist der Lehrer Israels und verstehst das nicht?

Auf diese erste Auseinandersetzung mit den »Juden«, die in Joh 2,18 erstmals auf der Bühne erschienen, folgt ein ausführlicheres Rollengespräch Jesu mit dem Typus des »Pharisäers« und »Juden«.

Nikodemus kommt zu Jesus, weil er an ihn glauben will und doch nicht glauben kann (oder nicht will?). Er *glaubt* nämlich Jesus nicht, sondern er und seinesgleichen »wissen«, dass Jesus als »Lehrer« von Gott gekommen sei (Joh 3,2). Dieser Zugang zu Jesus ist heute wieder weit verbreitet, folglich also recht aktuell: Jesus wird als hervorragender Mensch und Lehrer geachtet. Angesichts dessen, was über ihn im Prolog des Evangeliums ausgesagt wurde, greift das viel zu kurz. Eine zu kleinformatige Einschätzung kann womöglich schlimmer sein als eine klare Ablehnung. Damit ist nämlich alles Fragen »erledigt« und die Offenheit für Neues, Unerhörtes beendet. Diese Art von »Wissen« wird im 9. Kapitel, bei der Erzählung vom Blindgeborenen, ausführlich als besonders unheilbare Blindheit vorgeführt werden.

Folglich lässt Jesus das Kompliment seines Gesprächspartners »Niemand kann diese Zeichen tun, die du tust, wenn nicht Gott mit ihm ist« ins Leere laufen, ja er setzt dagegen: »Wenn jemand nicht von neuem geboren wird, kann er das Reich Gottes nicht sehen.« Nikodemus ist offensichtlich noch nicht »von neuem geboren« und kann »nicht sehen«. Im weiteren Verlauf des Gesprächs reden deshalb er und Jesus ständig aneinander vorbei. Jesus beantwortet seine Fragen gar nicht, sondern umkreist mit mehreren Bildern das Thema, man müsse »neu geboren« werden. Man kann das lesen als eine Art Meditation über die Unbegreiflichkeit des Phänomens, dass bei den einen der Glaube an Jesus zündet, bei den anderen nicht. Begreifen lässt sich das so wenig, wie man den Wind greifen kann: »Der Wind weht, wo er will; du hörst sein Brausen, weißt aber nicht, woher er kommt und wohin er geht. So ist es mit jedem, der aus dem Geist geboren ist« (Joh 3,8).

Als Nikodemus zum zweiten Mal ratlos fragt, wie das geschehen könne, gibt ihm Jesus die vorwurfsvoll klingende Antwort: »Du bist der Lehrer Israels und verstehst das nicht?« Es ist die »Retourkutsche« auf dessen Kompliment, Jesus sei »ein Lehrer, der von Gott gekommen ist«.

Damit reißt das Gespräch mit Nikodemus ab. Es entsteht der Eindruck, dass es fruchtlos blieb. Mit Joh 3,11–21 folgt ein langer monologischer Text, der mit den Worten beginnt: »Was wir wissen, davon reden wir, und was wir gesehen haben, das bezeugen wir, und doch nehmt ihr unser Zeugnis nicht an.« Er klingt – abgesehen vom Einschub Joh 3,12 – nicht wie die weitere Rede Jesu, denn er beginnt in der Wir-Form und es wird darin *über* Jesus gesprochen. So wird er wohl eher ein Bekenntnis- und Verkündigungstext des Verfassers des Evangeliums und seiner Glaubensgefährten sein. Auf ihn kann hier aus Platzgründen nicht weiter eingegangen werden, aber es lohnt sich, ihn langsam zu lesen und auf sich wirken zu lassen.

In der Mitte und am Ende des Johannesevangeliums finden sich kurze Hinweise, dass – entgegen dem Eindruck, der hier entstand – das Gespräch mit Nikodemus doch gewaltig nachwirkte. Sie muten wie heimlich gelegte Spuren an, die dem, der sie findet, die Fortsetzung der Geschichte verraten.

In Joh 7,50–52 wird geschildert, wie Nikodemus es wagte, sich gegen seine Mit-Pharisäer zu stellen und sie zu beschwören, Jesus nicht vorschnell zu verurteilen, sondern sich gründlich über sein Reden und Tun zu informieren. Und wenn in Joh 19,39 berichtet wird, Nikodemus, »der früher einmal Jesus bei Nacht aufgesucht hatte«, habe eine riesige Menge – »etwa hundert Pfund« – Myrrhe und Aloe zum Begräbnis Jesu beigesteuert, heißt das: Er überschüttete Jesus im Grab regelrecht mit den Attributen, die (nach Psalm 45,9) den Messiaskönig auszeichnen. Sein Gespräch mit Jesus hatte also fruchtbar nachgewirkt und ihm war aufgegangen, wer Jesus wirklich war.

In der abschließenden Frage Jesu an Nikodemus im hiesigen Textstück »Du bist der Lehrer Israels und verstehst das nicht?« könnte ein Hinweis stecken, wie man sich der Lösung der Frage nähern könnte, wie ein Mensch »neu geboren werden« kann. Die Antwort muss in der Lehre Israels verborgen sein. Wenn Jesus zu Nikodemus vom »Wasser und Geist«, vom »Fleisch und Geist« und vom »Wind« sprach, hatte er lauter Bilder gebraucht, die aus den Texten stammten, mit denen sich ein »Lehrer Israels« ständig beschäftigte; folglich hätten sie einen solchen inspirieren, »mit Geist begaben« müssen. Offensichtlich taten sie das später tatsächlich. Durch das Gespräch mit Jesus war Nikodemus offensichtlich dafür aufgeschlossen worden. So wird er beim Laubhüttenfest in Jerusalem im Ausruf Jesu die gleichen Bilder mit neuen Ohren gehört haben: »Wer Durst hat, komme zu mir, und es trinke, wer an mich glaubt. Wie die Schrift sagt: Aus seinem Inneren werden Ströme von lebendigem Wasser fließen« (Joh 7,37–38). Und die Leserinnen und Leser des Evangeliums werden merken, dass der Evangelist hierauf die Bilder Jesu im Gespräch mit Nikodemus auslegt: »Damit meinte er den Geist, den alle empfangen sollten, die an ihn glauben; denn der Geist war noch nicht gegeben, weil Jesus noch nicht verherrlicht war« (Joh 7,39). So wird am Laubhüttenfest die Neugeburt des Nikodemus aus dem Wasser – dem Wort Jesu – stattgefunden haben; nach Ostern wird sie durch den Geist vollendet worden sein.

Die lange nach Jesus Geborenen, für die der Evangelist schreibt und zu denen die heutigen Leserinnen und Leser gehören, können nicht mehr direkt das Wort Jesu hören, aber es wird ihnen von den »Zeugen« vermittelt. Wer vom »Wasser« dieses Wortes regelmäßig trinkt, kann von dem »Geist«, der darin steckt, erfasst werden und schließlich die gleiche »Wiedergeburt« wie Nikodemus erfahren.

Zwei ganz unterschiedliche Gesprächsebenen
Joh 4,6–19 (Die Frau am Jakobsbrunnen)

Jesus war müde von der Reise und setzte sich daher an den Brunnen; es war um die sechste Stunde. Da kam eine samaritische Frau, um Wasser zu schöpfen. Jesus sagte zu ihr: Gib mir zu trinken! ... Die Frau sagte zu ihm: Wie kannst du als Jude mich, eine Samariterin, um Wasser bitten? Die Juden verkehren nämlich nicht mit den Samaritern. Jesus antwortete ihr: Wenn du wüsstest, worin die Gabe Gottes besteht und wer es ist, der zu dir sagt: Gib mir zu trinken!, dann hättest du ihn gebeten, und er hätte dir lebendiges Wasser gegeben. Sie sagte zu ihm: Herr, du hast kein Schöpfgefäß, und der Brunnen ist tief. Woher hast du also das lebendige Wasser? Bist du etwa größer als unser Vater Jakob, der uns den Brunnen gegeben und selbst daraus getrunken hat, wie seine Söhne und seine Herden? Jesus antwortete ihr: Wer von diesem Wasser trinkt, wird wieder Durst bekommen; wer aber von dem Wasser trinkt, das ich ihm geben werde, wird niemals mehr Durst haben; vielmehr wird das Wasser, das ich ihm gebe, in ihm zur sprudelnden Quelle werden, deren Wasser ewiges Leben schenkt. Da sagte die Frau zu ihm: Herr, gib mir dieses Wasser, damit ich keinen Durst mehr habe und nicht mehr hierher kommen muss, um Wasser zu schöpfen. Er sagte zu ihr: Geh, ruf deinen Mann, und komm wieder her! Die Frau antwortete: Ich habe keinen Mann. Jesus sagte zu ihr: Du hast richtig gesagt: Ich habe keinen Mann. Denn fünf Männer hast du gehabt, und der, den du jetzt hast, ist nicht dein Mann. Damit hast du die Wahrheit gesagt. Die Frau sagte zu ihm: Herr, ich sehe, dass du ein Prophet bist.

Im hier zitierten Textstück führt der Evangelist das Thema »Wasser« weiter aus; das Thema »Geist« wird im folgenden Abschnitt ebenfalls noch einmal fortgeführt werden.

Dieses Gespräch Jesu mit der Frau am Jakobsbrunnen ist ein Musterstück der Strategie Jesu (oder des Evangelisten), die vordergründigen Bilder zu durchbrechen und die Aufmerksamkeit der Leserinnen und Leser auf eine ganz andere Ebene zu lenken. Als Leser stößt man sich daran – und soll es tun –, dass Jesus und die Frau völlig aneinander vorbeireden und vor allem, dass Jesus keine Frage der Frau beantwortet, sondern konsequent von etwas anderem redet. Warum? Weil hier »Wasser« nicht mehr Wasser im üblichen Sinn ist, und auch »Brot«, »Licht«, »Tür«, »Weinstock« werden es in späteren Texten nicht mehr sein.

Darum begibt man sich auf eine Fährte, die nicht zu der Einsicht führt, um die es Jesus geht, wenn man diese Bilder einfach hernimmt, um mittels Meditation, Imagination oder Assoziation ihre »natürlichen« Dimensionen auszuloten, also etwa der Frage nachzugehen: »Was bedeutet mir/uns *Wasser*?« Bei einer derartigen Beschäftigung wird man kaum auf die Vorstellung kommen, es könne in einem selbst »zur sprudelnden Quelle werden, deren Wasser ewiges Leben schenkt«.

Statt den Sinn aus sich selbst zu schöpfen und damit nur Eigenes ins Bewusstsein zu heben, ist es hilfreicher, sich den Sinn sagen zu lassen, nämlich vom Wort, das aus und zwischen den Zeilen der heiligen Schrift des Alten und Neuen Testaments spricht. Praktisch heißt das: Man sollte sich umsehen, welche Vorstellungen an vielen Stellen der Bibel mit dem Wasser verbunden werden. So kann man sich die Bibel von der Bibel interpretieren lassen und auf eine neue Ebene gelangen.

Das nicht getan zu haben, steckte in der vorwurfsvollen Frage Jesu an Nikodemus: »Du bist der Lehrer Israels und verstehst das nicht?« (Joh 3,10). Es bedeutet: Wenn ich zu dir davon spreche, man müsse neu geboren werden, bleibst du in deiner natürlichen Vorstellung befangen und wendest ein, es sei ja nicht möglich, dass ein erwachsener Mensch noch einmal in den Schoß seiner Mutter zurückkehren und ein zweites Mal geboren werden könne. Als Lehrer Israels müsstest du doch wissen, was mit »aus Wasser und Geist geboren werden« gemeint ist! Heißt es nicht etwa beim Propheten Ezechiel: »Ich gieße reines Wasser über euch aus, dann werdet ihr rein ... Ich schenke euch ein neues Herz und lege einen neuen Geist in euch« (Ez 36,25–26)?

Als Jesus zur Frau am Jakobsbrunnen vom Wasser und vom Trinken spricht, bleibt sie beim kurzsichtigen Ansatz hängen: »Was bedeutet mir Wasser?« Jesus spricht vom »lebendigen Wasser«, das er ihr geben könne, und sie bezweifelt das, weil er kein Schöpfgefäß dabei habe. Jesus spricht von der Quelle, »deren Wasser ewiges Leben schenkt«, und die Frau entgegnet, dass das sehr praktisch wäre, denn dann müsste sie nie mehr den weiten Weg zum Brunnen gehen.

Weil sie hartnäckig bei ihrer vordergründigen Sicht bleibt, wechselt Jesus jäh das Thema und fordert die Frau auf: »Geh, ruf deinen Mann und komm wieder her!« Das ist wie die nachgeholte Veranschaulichung der früher im Evangelientext (Joh 2,25) etwas isoliert stehenden Aussage, dass Jesus »von keinem ein Zeugnis über den Menschen brauchte; denn er wusste, was im Menschen ist.« Hier wird also gezeigt, dass Jesus um den schwachen Punkt der Frau wusste. An ihm setzte er an, um sie endlich vom vordergründigen Geplauder über Durst, Trinken und Wasserschöpfen fortzubringen. Verblüfft, dass er von ihren vielen verkrachten Männergeschichten wusste, äußert sie: »Herr ich sehe, dass du ein Prophet bist.« Die beliebte Deutung, dass er sie damit auf ihren existenziellen »Durst« aufmerksam gemacht habe (etwa nach einer echten, tragfähigen Beziehung, nach Vergebung ihrer »Schuld« und/oder nach ihrer sozialen Reintegration oder gar nach Gott), dürfte zu modern sein. Vor allem aber führt diese Spur nicht weiter, denn um dieses Thema geht es in der Folge überhaupt nicht mehr. Vielmehr lenkt die Frau davon ab und schneidet beim Stichwort »Prophet« ein völlig anderes Thema an.

»Ich bin es, ich, der mit dir spricht«
Joh 4,19–26 (Die Frau am Jakobsbrunnen)

Die Frau sagte zu ihm: Herr, ich sehe, dass du ein Prophet bist. Unsere Väter haben auf diesem Berg Gott angebetet; ihr aber sagt, in Jerusalem sei die Stätte, wo man anbeten muss. Jesus sprach zu ihr: Glaube mir, Frau, die Stunde kommt, zu der ihr weder auf diesem Berg noch in Jerusalem den Vater anbeten werdet. Ihr betet an, was ihr nicht kennt; wir beten an, was wir kennen; denn das Heil kommt von den Juden. Aber die Stunde kommt, und sie ist schon da, zu der die wahren Beter den Vater anbeten werden im Geist und in der Wahrheit; denn so will der Vater angebetet werden. Gott ist Geist, und alle, die ihn anbeten, müssen im Geist und in der Wahrheit anbeten. Die Frau sagte zu ihm: Ich weiß, dass der Messias kommt, das ist: der Gesalbte (Christus). Wenn er kommt, wird er uns alles verkünden. Da sagte Jesus zu ihr: Ich bin es, ich, der mit dir spricht.

Weil Jesus der Frau auf den Kopf etwas zugesagt hatte, was er eigentlich gar nicht wissen konnte, nennt sie ihn einen Propheten. Diesen Begriff verwendet sie dazu, unverzüglich ein religiöses Thema anzuschneiden, statt sich auf ein Gespräch über ihre persönliche Lebenssituation einzulassen. Sie spricht die Kontroverse, ja den Grund der Spaltung und Feindschaft zwischen den Samaritern und Juden an: Welcher Ort das zentrale Heiligtum der Anbetung Gottes sei.

Damit lenkt der Evangelist auf das Thema »Tempel« zurück. Jesus hatte diesem Begriff einen neuen Sinn gegeben und ihn »personalisiert«: Nach seinem neuen Verständnis ist der Tempel kein Gebäude aus Stein an einer bestimmten Stelle, sondern sein »Leib«. Wo er ist, da ist der Tempel.

In der Kontroverse zwischen Samaritern und Juden stellt sich Jesus auf die Seite der Juden, erklärt hierauf jedoch das Thema für überholt. Bei der Anbetung Gottes werde es künftig nicht mehr um bestimmte Orte gehen, sondern sie sei überall möglich: »im Geist und in der Wahrheit«. (Erhart Kästner schrieb angesichts einiger frühchristlicher Kirchenräume, diese vermittelten noch den Eindruck, sie wüssten, dass es sie eigentlich gar nicht geben sollte.)

In den folgenden Sätzen geht in den Aussagen Jesu eine eigenartige Bewegung vor sich. Jesus spricht vom »Vater«, den man anbeten werde; sodann erklärt er: »Gott ist Geist«; und schließlich setzt er der Frau, die unvermittelt auf den Messias zu sprechen kommt, den lapidaren Satz entgegen: »Ich bin es, ich, der mit dir spricht.«

Das ließe sich so verstehen, als sage er: »Ich, der mit dir spricht, bin dieser Messias.« Das sagt er aber nicht direkt. Es sagt vielmehr: »Ich bin es, ich, der mit dir spricht«, und darin steckt sehr viel mehr. Es ist eine deutliche Anspielung auf die Gotteserscheinung, die Mose vor dem brennenden Dornbusch erfuhr. Da hatte Gott auf die Frage, wie sein Name sei, Mose zur Antwort gegeben: »Ich bin der ICH-BIN-DA« (Ex 3,14).

Was also hier geschieht, ist atemberaubend: Jesus zieht die Bilder vom »Vater« und vom »Geist« zusammen und lässt sie deckungsgleich werden mit seinem eigenen Ich. Er behauptet: Der ICH BIN, der aus dem Dornbusch zu Mose sprach und der Geist, der bin *ich*: »ICH BIN es, ich, der mit dir spricht.« Das verschlägt einem die Sprache und man sollte es einfach auf sich wirken lassen: »ICH BIN es, ich, der mit dir spricht«, und zwar heute, nach fast zweitausend Jahren, auch mit dir, der Leserin, dem Leser.

Drei Schritte bis zum Glauben an Jesus
Joh 4,26–34 (Die Frau am Jakobsbrunnen)

Jesus sagte zu ihr: Ich bin es, ich, der mit dir spricht. Inzwischen waren seine Jünger zurückgekommen. Sie wunderten sich, dass er mit einer Frau sprach, aber keiner sagte: Was willst du? oder: Was redest du mit ihr? Da ließ die Frau ihren Wasserkrug stehen, eilte in den Ort und sagte zu den Leuten: Kommt her, seht, da ist ein Mann, der mir alles gesagt hat, was ich getan habe. Ist er vielleicht der Messias? Da liefen sie hinaus aus dem Ort und gingen zu Jesus. Währenddessen drängten ihn seine Jünger: Rabbi, iss! Er aber sagte zu ihnen: Ich lebe von einer Speise, die ihr nicht kennt. Da sagten die Jünger zueinander: Hat ihm jemand zu essen gegeben? Jesus sprach zu ihnen: Meine Speise ist es, den Willen dessen zu tun, der mich gesandt hat, und sein Werk zu Ende zu führen.

Dieses »Ich bin es, ich, der mit dir spricht« ist das erste einer ganzen Reihe von Ich-bin-Worten Jesu im Johannesevangelium. Er richtet es an eine Frau. Das ist bemerkenswert, denn Frauen galten zu seiner Zeit nicht als religiös kompetent. Es stand den Männern zu, untereinander über Fragen des Glaubens zu diskutieren. Ihre Frauen sollten sich daheim von ihnen die Ergebnisse erklären lassen (vgl. 1 Kor 14,35). Hier verschlägt es den Männern zunächst die Sprache. Und schließlich reden sie vom Essen und begreifen nicht, dass Jesus von einer ganz anderen Speise spricht.

Mit der Rede von der Speise lässt Jesus die Bilder wieder auseinandertreten: Der »Vater« wird wieder eigens sichtbar; was bleibt, ist die intensive Kommunikation zwischen ihm und dem Vater. Um es modern auszudrücken: Jesus gibt nur von sich, was ihm vom Vater »eingespeist« wird. Später wird er zu Philippus sagen: »Wer mich gesehen hat, hat den Vater gesehen. Wie kannst du sagen: Zeig uns den Vater? Glaubst du nicht, dass ich im Vater bin und dass der Vater in mir ist?« (Joh 14,9–10).

Solche starke Aussagen stellen auch heutige Leser vor die Entscheidung, ob sie das glauben wollen oder nicht. Von dieser Entscheidung hängt ab, wie sie mit dem Text umgehen: Lesen sie ihn als alte Geschichte – oder lassen sie sich mit ihm – oder genauer: mit Jesus, der sie mit diesem Anspruch konfrontiert – auf ein Gespräch, eine Begegnung ein?

Die Frau scheint sich zunächst vor der Entscheidung gedrückt und den üblichen Weg gewählt zu haben, nämlich: alle Möglichkeiten offenzulassen. »Da ließ die Frau ihren Krug stehen, eilte in den Ort und sagte zu den Leuten: Kommt her, seht, da ist ein Mann, der mir alles gesagt hat, was ich getan habe: Ist er vielleicht der Messias?« Damit reichte sie die Entscheidung an die »Leute« im »Ort« weiter, die von Jesus noch gar nicht angesprochen worden waren. Sie ist keine echte »Zeugin«, aber dennoch behält sie das »Wort« nicht für sich.

Gewöhnlich verfügen die »Leute« – als anonyme, nicht persönlich angesprochene Instanz – nicht über die Voraussetzungen, um kompetent Stellung nehmen zu können. Aber in diesem Fall wird eine Entwicklung beschrieben, die sich in drei Schritten vollzieht. Zunächst heißt es: »Viele Samariter aus jenem Ort kamen zum Glauben an Jesus auf das Wort der Frau hin, die bezeugt hatte: Er hat mir alles gesagt, was ich getan habe.« Es war zunächst der Glaube an einen Jesus mit der wunderbaren Fähigkeit, persönliche Dinge zu wissen, die er eigentlich gar nicht wissen konnte.

Der zweite Schritt bestand darin, dass »sie ihn baten, bei ihnen zu bleiben; und er blieb dort zwei Tage«. Dieses »Bleiben« Jesu bei diesen Menschen entspricht spiegelbildlich dem »Bleiben« der ersten Jünger am Wohnort Jesu (Joh 1,39). Zur echten Begegnung braucht man Zeit; man muss beieinander verweilen können. Das gilt auch für die Begegnung mit dem »Wort« im Evangelientext.

Die Bewohner der Stadt ließen sich jetzt also darauf ein, Jesus persönlich genauer kennen zu lernen und anzuhören. Daraus ergab sich – drittens – eine neue Qualität von Glauben: Es heißt: »Und noch viel mehr Leute kamen zum Glauben an ihn aufgrund seiner eigenen Worte. Und zu der Frau sagten sie: Nicht mehr aufgrund deiner Aussage glauben wir, sondern weil wir ihn selbst gehört haben.« Sie hatten sich schließlich ganz vom Wort Jesu »ICH BIN ES, ich, der mit dir redet« treffen lassen und bekannten am Ende: »Nun wissen wir: Er ist wirklich der Retter der Welt« (Joh 4,39–42).

Die Frau hatte das nie so klar ausgesagt. Vielleicht wird deshalb ihr Name nirgends genannt: Sie hat sich nicht durch einen eindeutigen Glauben profiliert.

Vielleicht aber hätten die Leute ihr gar nicht geglaubt, wenn sie ihnen sofort ihren Glauben an Jesus bekannt hätte. Das Zeugnis einer Frau galt ja in ihrer Gesellschaft nichts. Mit ihrer bloßen Frage »Ist er vielleicht der Messias?« hätte sie dann geschickt das Interesse ihrer Nachbarn auf Jesus gelenkt und die Antwort ihnen überlassen – mit dem beschriebenen Erfolg.

Eine neue Vorstellung von Gott und vom Einssein
Joh 5,15–20 (Die Vollmacht Jesu)

> *Der Mann ging fort und teilte den Juden mit, dass es Jesus war, der ihn gesund gemacht hatte. Daraufhin verfolgten die Juden Jesus, weil er das an einem Sabbat getan hatte. Jesus aber entgegnete ihnen: Mein Vater ist noch immer am Werk, und auch ich bin am Werk. Deshalb waren die Juden noch mehr darauf aus, ihn zu töten, weil er nicht nur den Sabbat brach, sondern auch Gott seinen Vater nannte und sich damit Gott gleichstellte. Jesus aber sagte zu ihnen: Amen, amen, ich sage euch: Der Sohn kann nichts von sich aus tun, sondern nur, wenn er den Vater etwas tun sieht. Was nämlich der Vater tut, das tut in gleicher Weise der Sohn. Denn der Vater liebt den Sohn und zeigt ihm alles, was er tut, und noch größere Werke wird er ihm zeigen, so dass ihr staunen werdet.*

Auf die Erzählung, wie in Samaria, also ausgerechnet bei den von den Juden Gemiedenen, auf das Wort Jesu hin viele zum Glauben gekommen waren, folgen im Johannesevangelium zwei Geschichten über Heilungswunder, die Jesus wirkte. Das eine geschah in Galiläa (Joh 4,43–54), das andere in Jerusalem (Joh 5,1–18). Sie illustrieren zwei ganz unterschiedliche Wirkungsweisen des »Retters der Welt« (Joh 4,42).

Das Kind eines königlichen Beamten lag im Sterben. Der verzweifelte Vater wandte sich an Jesus um Hilfe, und der erwiderte zunächst: »Wenn ihr nicht Zeichen und Wunder seht, glaubt ihr nicht.« Dann aber wies er den

Mann an: »Geh, dein Sohn lebt!«, und er »glaubte dem Wort, das Jesus zu ihm gesagt hatte, und machte sich auf den Weg«, noch ehe er das Zeichen und Wunder gesehen hatte (Joh 4,48–50). Er ging mit dem bewundernswerten Glauben, dass das Wort Jesu wahr und wirkmächtig sei.

Am Teich Betesda heilte Jesus an einem Sabbat einen bereits achtunddreißig Jahre lang kranken Mann, der »keinen Menschen« hatte, der ihn rechtzeitig in das heilende Wasser getragen hätte. Hier wurde Jesus gar nicht um Hilfe gebeten, sondern er wandte sich von sich aus an diesen Verlassenen und sagte zu ihm: »Steh auf, nimm deine Bahre und geh!« (Joh 5,6–9). Vom Glauben dieses Mannes an seinen Heiler ist gar nicht die Rede, im Gegenteil: »Der Geheilte wusste aber nicht, wer es war. Jesus war nämlich weggegangen, weil sich dort eine große Menschenmenge angesammelt hatte. Später traf ihn Jesus im Tempel« (Joh 5,13). Daran schließt der vorliegende Textabschnitt an.

Weil Jesus diese Heilung am Sabbat gewirkt und dazu noch den Mann aufgefordert hatte, am hellen Sabbat seine Bahre durch die Gegend zu tragen, »verfolgten die Juden Jesus«. Sie empfanden das als demonstrative Provokation. Die offene Stellungnahme Jesu lautete: »Mein Vater ist noch immer am Werk, und auch ich bin am Werk.«

Das war eine radikale, skandalöse Korrektur der Stelle im Schöpfungsbericht auf den ersten Seiten der Bibel: »Am siebten Tag vollendete Gott das Werk, das er geschaffen hatte, und er ruhte am siebten Tag, nachdem er sein ganzes Werk vollbracht hatte« (Gen 2,2). Jesus rührte nicht nur an das sakrosankte Sabbatgebot; noch schlimmer war, was im Text ausdrücklich gesagt wird: dass er »Gott seinen Vater nannte und sich damit Gott gleichstellte«.

Das deutet auf ein unfassbares Ineinander und Ineinssein Gottes und Jesu. Jesus beschreibt es genauer. Seine

Beschreibung ist eine wichtige ausdrückliche Verkündigung oder gar Neu-Verkündigung. Das kommt dadurch zum Ausdruck, dass er ihr ein doppeltes »Amen, Amen« voransetzt, also behauptet: »In Wahrheit, in Wahrheit ist es so, sage ich euch: Der Sohn kann nichts von sich aus tun, sondern nur, wenn er den Vater etwas tun sieht. Was nämlich der Vater tut, das tut in gleicher Weise der Sohn. Denn der Vater liebt den Sohn und zeigt ihm alles, was er tut, und noch größere Werke wird er ihm zeigen, so dass ihr staunen werdet.«

Es handelt sich hier um die Beschreibung einer unglaublich engen Beziehung. Vater und Sohn werden als nahezu identisch geschildert. Aber als das, was sie eins sein lässt, wird die *Liebe* genannt: »Denn der Vater liebt den Sohn und zeigt ihm alles, was er tut.« Und zweifellos liebt der Sohn den Vater und tut alles, was er ihm zeigt. Man kann das nicht weiter kommentieren. Man muss es auf sich wirken lassen, um zu erahnen, welche neue Vorstellung von Gott und vom »Einssein« hier in die Religion und damit Welt einzieht.

Das Einssein im Wollen
Joh 5,21-30
(Jesu Rede über seine Vollmacht)

Denn wie der Vater die Toten auferweckt und lebendig macht, so macht auch der Sohn lebendig, wen er will. Auch richtet der Vater niemand, sondern er hat das Gericht ganz dem Sohn übertragen, damit alle den Sohn ehren, wie sie den Vater ehren. Wer den Sohn nicht ehrt, ehrt auch den Vater nicht, der ihn gesandt hat. Amen, amen, ich sage euch: Wer mein Wort hört und dem glaubt, der mich gesandt hat, hat das ewige Leben und kommt nicht ins Gericht, sondern ist aus dem Tod ins Leben hinübergegangen. Amen, amen, ich sage euch: Die Stunde kommt, und sie ist schon da, in der die Toten die Stimme des Sohnes Gottes hören werden; und alle, die sie hören, werden leben. Denn wie der Vater das Leben in sich hat, so hat er auch dem Sohn gegeben, das Leben in sich zu haben. Und er hat ihm Vollmacht gegeben, Gericht zu halten, weil er der Menschensohn ist. Wundert euch nicht darüber! Die Stunde kommt, in der alle, die in den Gräbern sind, seine Stimme hören und herauskommen werden: Die das Gute getan haben, werden zum Leben auferstehen, die das Böse getan haben, zum Gericht. Von mir selbst aus kann ich nichts tun. Ich richte, wie ich es (vom Vater) höre, und mein Gericht ist gerecht, weil es mir nicht um meinen Willen geht, sondern um den Willen dessen, der mich gesandt hat.

Die Reden Jesu im Johannesevangelium sind natürlich keine wörtliche Aufzeichnung von historisch so gehaltenen Aussagen Jesu, sondern die Frucht einer inneren Begegnung und eines Gesprächs des Evangelisten mit Jesus. Er versucht zu artikulieren, was ihm über Jesus aufgegangen ist. Sein eigenartiges Erlebnis formuliert er so, dass er schildert, wie Jesus einige zentrale Aussagen, die sich bislang nur über Gott selbst machen ließen, auch auf sich selbst anwendet.

Als »Sohn Gottes« konnte sich in Israel bislang jeder gläubige Jude verstehen, und in einem intensiveren Sinn jeder König Israels, so wie heute Christen sich als »Söhne und Töchter Gottes« verstehen können. Sie wollten damit nicht behaupten, selbst »Gott« zu sein oder – wie es heute in Kreisen eines neuen Pantheismus üblich ist – sie bestünden aus der gleichen göttlichen Substanz, aus der der gesamte Kosmos bestehe, und dieser Kosmos sei Gott. Wenn alles substanziell aus sich und für sich göttlich wäre, fiele jene Beziehung weg, die hier ständig zu beschreiben versucht wird, diese Beziehung, die ganz wesentlich vom »Wort« gestiftet wird.

Der Evangelist lässt sich auf derlei Spekulationen über das Wesen Gottes und der Welt nicht ein, sondern veranschaulicht die Identität und zugleich Nicht-Identität Jesu mit dem »Vater« anhand einiger göttlicher »Vollmachten«, in die sich beide teilen: Tote lebendig zu machen, Gericht zu halten, Quelle des Lebens zu sein; und beide sollen gleich »geehrt« werden.

»Denn wie der Vater die Toten auferweckt und lebendig macht, so macht auch der Sohn lebendig, wen er will. Auch richtet der Vater niemand, sondern er hat das Gericht ganz dem Sohn übertragen, damit alle den Sohn ehren, wie sie den Vater ehren ... Wer mein Wort hört und dem glaubt, der mich gesandt hat, hat das ewige Leben ... Denn wie der Vater das Leben in sich hat, so hat er auch dem Sohn gegeben, das Leben in sich zu haben.«

Hier ist in paradoxer Weise von einer Gleichheit und zugleich einer Abstufung zwischen Vater und Sohn die Rede: Der Vater hat dem Sohn die Gerichtsvollmacht »gegeben«; er hat dem Sohn »gegeben, das Leben in sich zu haben«. Und Jesus sagt: »Von mir selbst aus kann ich nichts tun; ich richte, wie ich es (vom Vater) höre, und mein Gericht ist gerecht, weil es mir nicht um meinen Willen geht, sondern um den Willen dessen, der mich gesandt hat.«

Diese Umschreibungen eines vollkommenen Einsseins bei gleichzeitiger jeweiliger eigener Identität – das also kein Verschmelzen ist – lässt sich am ehesten damit vergleichen, wie zwei liebende Menschen »eins« sein können, indem sie – nicht aus ideologischer Starre oder Gleichmacherei, sondern aus Sym-pathie, also aus sensiblem Einfühlen ineinander und Empfinden miteinander – von innen her zu spüren vermögen, was im konkreten Fall der bzw. die andere empfinden und wählen. Das wählen sie dann in der Freiheit der Liebe auch selbst.

Von dieser Gottes-Vorstellung her wird in der christlichen Mystik das Einswerden als »Einswerden im Wollen« verstanden, nicht als substanzielle Verschmelzung. Dabei ist mit »Wollen« natürlich nicht nur der nüchterne »Wille« gemeint, sondern das tiefste Streben des liebenden Herzens.

Das Wort, das schon jetzt vom Tod ins Leben führt
Joh 5,24–29
(Jesu Rede über seine Vollmacht)

Amen, amen, ich sage euch: Wer mein Wort hört und dem glaubt, der mich gesandt hat, hat das ewige Leben; er kommt nicht ins Gericht, sondern ist aus dem Tod ins Leben hinübergegangen. Amen, amen, ich sage euch: Die Stunde kommt, und sie ist schon da, in der die Toten die Stimme des Sohnes Gottes hören werden; und alle, die sie hören, werden leben. Denn wie der Vater das Leben in sich hat, so hat er auch dem Sohn gegeben, das Leben in sich zu haben. Und er hat ihm Vollmacht gegeben, Gericht zu halten, weil er der Menschensohn ist. Wundert euch nicht darüber! Die Stunde kommt, in der alle, die in den Gräbern sind, seine Stimme hören und herauskommen werden: Die das Gute getan haben, werden zum Leben auferstehen, die das Böse getan haben, zum Gericht.

Dieser Abschnitt verdient es, aus dem bereits zitierten längeren Textstück noch einmal herausgehoben zu werden. Mit seiner zweimaligen feierlichen Einleitung »Amen, amen, ich sage euch …« ist er als besonders markante Aussage gekennzeichnet. Es geht hier wieder um das Wort und um das Hören. »Wer mein Wort hört …, hat das ewige Leben.«

Ganz am Anfang hatte das Wort des Schöpfers, des Vaters, die Welt ins Leben gerufen. Allerdings wurde daraus – nach Darstellung der Bibel – infolge des Sündenfalls ein vergängliches, sterbliches Leben. Jetzt ergeht ein noch kreativeres, gewaltigeres Wort: Es ruft das vergängliche Leben in ein ewiges Leben. Das ist das Wort des »Sohnes«, das dieser im Auftrag des Vaters spricht, ja verkörpert und in seiner eigenen Existenz durch Leiden und Tod hindurch als wahr bezeugt. Auf seine unauflösliche Übereinstimmung mit dem Vater und die Beziehung zu ihm weist er ausdrücklich hin: »Wer mein Wort hört und dem glaubt, der mich gesandt hat ...«

Das Wort ist lebendiges Wort nur, solange es gesprochen und gehört und beantwortet wird. Geschrieben oder gedruckt festgehalten, bleibt es toter Buchstabe. Schon einen Text lesen zu können, gehört zu den genialsten Leistungen des Menschen: Schriftzeichen unverzüglich in Gedanken, Gefühle und Informationen umsetzen zu können. Eine Stufe höher steigt, wer in der Haltung des Hörens liest und es dem Text ermöglicht, zum lebendigen Wort, zur Anrede zu werden. Man nähert sich dann dem lebendigen Geist, von dem es der Schreiber »inspiriert«, das heißt »eingehaucht« bekam, und man wird selbst davon lebendig angehaucht. Das dürfte ein wichtiger Sinn der beiden Aussagen sein, die Jesus jedes Mal mit »Amen, amen, ich sage euch« einleitet und also für besonders wichtig erklärt:

»Amen, amen, ich sage euch: Wer mein Wort hört und dem glaubt, der mich gesandt hat, hat das ewige Leben; er kommt nicht ins Gericht, sondern ist aus dem Tod ins Leben hinübergegangen. Amen, amen, ich sage euch: Die Stunde kommt, und sie ist schon da, in der die Toten die Stimme des Sohnes Gottes hören werden; und alle, die sie hören, werden leben.«

Hier findet sich also die stärkste Definition dessen, was »Geistliche Schriftlesung« in ihrer Vollform ist: Sie ist lebendige Beziehung zum lebendigen Wort, ist ein Angestecktwerden von der ewigen Vitalität Gottes. Das geht so weit, dass in den Augen Jesu die übliche Grenze zwischen Leben und Tod vorverlegt wird: »Wer mein Wort hört ..., hat das ewige Leben ...; (er) ist aus dem Tod ins Leben hinübergegangen.«

Und mehr noch: Was allgemein als »Leben« gilt, nämlich das biologische und psychische Leben ohne Bezug zu Gott, wird als Tod eingeschätzt. Ja: Wer nicht hörend in der Beziehung zu Gott lebt, gilt als *tot*. Aber »die Stunde kommt, und sie ist schon da, in der die Toten die Stimme des Sohnes Gottes hören werden; und alle, die sie hören, werden leben.«

Sodann werden noch eigens »alle, die in den Gräbern sind«, genannt, also die nach üblicher Vorstellung Toten, die physisch Gestorbenen. Es werde die Stunde kommen, zu der sie herausgerufen und gerichtet würden. Als entscheidendes Kriterium, ob sie vor diesem Gericht bestehen, wird hier allerdings nicht genannt, ob sie *Hörer* des Wortes waren, sondern ob sie »das Gute getan haben«: Letztlich zählt die praktische Existenz, nicht die mentale Beschäftigung.

Aber – so findet es sich in der Bibel von Anfang bis Ende beschrieben – jeder wache Hörer des Wortes wird unweigerlich in eine entsprechende Existenz geführt. Es bleibt nie beim bloßen Gespräch. Das Wort drängt immer ins »Fleisch«, ins Konkrete, Praktische; es will *gelebt* werden.

Vielleicht lässt sich vor dem Horizont, der hier aufgerissen wird, auch ahnen, worin das »Gericht« bestehen könnte, von dem hier wiederholt die Rede ist. Es könnte in jenem »bösen Erwachen« bestehen, das über einen kommen muss, wenn einem angesichts des »Menschensohns« aufgeht, welche Fülle man verkannt oder verpasst hat.

Kein Zeugnis ist so stark wie die Liebes-Erkenntnis
Joh 5,31–40
(Jesu Rede über seine Vollmacht)

Wenn ich über mich selbst als Zeuge aussage, ist mein Zeugnis nicht gültig; ein anderer ist es, der über mich als Zeuge aussagt, und ich weiß: Das Zeugnis, das er über mich ablegt, ist gültig. Ihr habt zu Johannes geschickt, und er hat für die Wahrheit Zeugnis abgelegt. Ich aber nehme von keinem Menschen ein Zeugnis an, sondern ich sage dies nur, damit ihr gerettet werdet. Jener war die Lampe, die brennt und leuchtet, und ihr wolltet euch eine Zeitlang an seinem Licht erfreuen. Ich aber habe ein gewichtigeres Zeugnis als das des Johannes: Die Werke, die mein Vater mir übertragen hat, damit ich sie zu Ende führe, diese Werke, die ich vollbringe, legen Zeugnis dafür ab, dass mich der Vater gesandt hat. Auch der Vater selbst, der mich gesandt hat, hat über mich Zeugnis abgelegt. Ihr habt weder seine Stimme gehört noch seine Gestalt je gesehen, und auch sein Wort bleibt nicht in euch, weil ihr dem nicht glaubt, den er gesandt hat. Ihr erforscht die Schriften, weil ihr meint, in ihnen das ewige Leben zu haben; gerade sie legen Zeugnis über mich ab. Und doch wollt ihr nicht zu mir kommen, um das Leben zu haben.

Aus den Worten dessen, den der Evangelist hier sprechen lässt, ist ein souveränes, ja atemberaubendes Selbstbewusstsein herauszuhören: Er versteht sich als der entscheidende Offenbarer des Vaters. Wer ihm nicht glaube, dem bleibe der Vater unzugänglich. An ihm vorbei gebe es keine wirkliche Erkenntnis und Erfahrung Gottes: »Ihr habt weder seine Stimme gehört noch seine Gestalt je gesehen, und auch sein Wort bleibt nicht in euch, weil ihr dem nicht glaubt, den er gesandt hat.«

Zugleich wird die traurige Tragik spürbar, dass der hier Sprechende auf taube Ohren oder sogar auf aktive Ablehnung stößt. Das entscheidende Erkennen, die erlösende Begegnung finden nicht statt. Statt Schüler Jesu zu werden, bleiben die Angesprochenen lieber bei ihren Traditionen oder werden Schüler von anderen spirituellen Lehrern: »Wenn aber ein anderer in seinem eigenen Namen kommt, dann werdet ihr ihn anerkennen« (Joh 5,43).

Jesus dagegen betont, er komme im Namen des Vaters, zu dem er in einer derart intensiven Beziehung steht, dass er sagen kann: »Ich und der Vater sind eins« (Joh 10,30).

In den Sätzen dieses Abschnitts taucht als häufigster Begriff das Wort »Zeugnis« auf. »Zeugnisse«, »Beweise«, Gründe, an Jesus zu glauben, gäbe es genug.

Erstens legte Johannes Zeugnis für ihn ab und rief: »Dieser war es, über den ich gesagt habe: Er, der nach mir kommt, ist mir voraus, weil er vor mir war« (Joh 1,15). Das ist genau genommen eine Anwendung des zeitlosen, alle Zeiten umfassenden Gottesnamens »Ich bin« (Ex 3,14) auf Jesus. Aber Jesus pocht nicht auf diesen »Beweis«, ja er lehnt ihn sogar als Argument ab: »Ich aber nehme von keinem Menschen ein Zeugnis an.«

Er habe – zweitens – »ein gewichtigeres Zeugnis«: »die Werke, die mein Vater mir übertragen hat, damit ich sie zu Ende führe«, also das, was er praktisch (be-)wirkt und mit seiner ganzen Existenz darstellt. Das kann man als Kommentar zu den beiden zuvor berichteten »Werken« verstehen, die gewiss symbolischen Charakter haben: Zur Rettung eines Kindes vor dem Tod und zur Heilung eines vereinsamten chronisch Kranken. Der Evangelist wird außerdem bereits auf das Leiden, den Tod, die Auferstehung und die Verherrlichung Jesu anspielen.

Drittens habe »auch der Vater selbst, der mich gesandt hat, … über mich Zeugnis abgelegt«. Das könnte ein Verweis auf das Zeugnis des Vaters bei der Taufe Jesu sein, von der Johannes der Täufer berichtete: »Auch ich kannte ihn nicht; aber er, der mich gesandt hat, mit Wasser zu taufen, er hat mir gesagt: Auf wen du den Geist herabkommen siehst und auf wem er bleibt, der ist es, der mit dem Heiligem Geist tauft. Das habe ich gesehen, und ich bezeuge: Er ist der Sohn Gottes« (Joh 1,33–34).

Viertens verweist Jesus auf »die Schriften«, die die Skeptiker unter seinen Zuhörern »erforschen«, denn »gerade sie legen Zeugnis über mich ab.« Aber alles »Erforschen«, alle Exegese und Wissenschaft kommen nicht über die toten Buchstaben hinaus, solange daraus nicht kraft des »Geistes« ein lebendiges Gespräch wird, das zu einer derart tiefen Begegnung führen kann, dass das Wort in dem, der es liest, »bleibt«, so wie Liebende ineinander »bleiben« und einander von innen her kennen.

Der Vorwurf ist hart: Trotz aller dieser Zeugnisse »wollt ihr nicht zu mir kommen, um das Leben zu haben«. Alle diese Beweise sind offensichtlich nicht objektiv zwingend, um Jesus endgültig zu »erkennen« als den, der er ist. Eine Liebes-Erkenntnis kann man nicht mit Hilfe von »Beweisen« herbeiführen. Unzählige Menschen, die einander »erkannt« haben, wissen, dass eine derartige »Erkenntnis« ganz anders zustande kommt. Sie kann jäh aufblitzen und alle Argumente und Gegen-Argumente über den Haufen werfen. Man ist dann imstande, alles stehen und liegen zu lassen, alle Schiffe hinter sich zu verbrennen und den »Schatz« (vgl. Mt 13,44) zu erwerben.

Radikale Lebensentscheidungen fällen wir Menschen oft in einer unergründlichen Schicht vor und unterhalb aller sachlichen Argumente und Motive. So greift die Frage zu kurz, ob wir uns auf jemanden – in diesem Fall Jesus – einlassen wollen. Sie lautet genauer genommen: Wollen wir das wollen? Wer vorsätzlich nicht wollen will – aus welchen Gründen auch immer; es wäre wert, sie genauer zu erkunden –, wird grundsätzlich unansprechbar. Viele Zeitgenossen damals wie heute scheinen sich auf diese Weise der Möglichkeit, von Jesus angesprochen zu werden, zu entziehen.

Jesus, der furchterregend Andere und doch Tröstende
Joh 6,16–21
(Der Gang Jesu auf dem Wasser)

Als es aber spät geworden war, gingen seine Jünger zum See hinab, bestiegen ein Boot und fuhren über den See, auf Kafarnaum zu. Es war schon dunkel geworden, und Jesus war noch nicht zu ihnen gekommen. Da wurde der See durch einen heftigen Sturm aufgewühlt. Als sie etwa fünfundzwanzig oder dreißig Stadien gefahren waren, sahen sie, wie Jesus über den See ging und sich dem Boot näherte; und sie fürchteten sich. Er aber rief ihnen zu: Ich bin es; fürchtet euch nicht! Sie wollten ihn zu sich ins Boot nehmen, aber schon war das Boot am Ufer, das sie erreichen wollten.

Dieser Geschichte geht die Erzählung von der wunderbaren Vermehrung von fünf Gerstenbroten »auf dem Berg« (Joh 6,3) voraus, so dass »etwa fünftausend Männer« satt wurden. Die Rede vom »Berg«, genau gleich formuliert wie bei Matthäus 5,1, wo hierauf die »Bergpredigt« folgt, wird eine Anspielung auf den Sinai sein. Hier bei Johannes hatte Jesus nicht Worte, sondern Brot verteilt. Die Deutung dieses »Zeichens« (Joh 6,14) wird er bald ausführlich geben. Zunächst aber war es zum üblichen Missverständnis gekommen. Die Leute hatten im gleichen flachen Sinn wie die Frau am Jakobsbrunnen gesagt: »Das ist wahrhaftig der Prophet, der in die Welt kommen soll.« Sie hatten ihn zum König machen wollen, der sie künftig mit Brot versorgen werde. »Daher zog er sich wieder auf den Berg zurück, er allein« (Joh 6,15). Es ist vorstellbar, dass er dort – wie Mose allein in der »Wolke« (Ex 24,18) – im geheimnisvollen »Vater« weilte. Er bereitete für seine engsten Jünger ein besonderes Erlebnis vor, um ihnen zum Durchbruch zur Erkenntnis zu verhelfen, wer er wirklich sei.

Schließlich war es »Abend« geworden. Die Jünger gingen »zum See hinab, bestiegen ein Boot und fuhren über den See, auf Kafarnaum zu«. Da mit der Erzählung immer die Vordergründigkeit durchbrochen werden und zu einem *tieferen* Sehen angeleitet werden soll, wird es ratsam sein, hier starke – archetypische – Bilder mit einer zeitlos gültigen Aussage wahrzunehmen.

Die Geschichte könnte sich auf die Lebensfahrt über den unsicheren »See« des Lebens auf das andere Ufer, die Transzendenz, beziehen, die, wenn es im Leben »spät geworden« ist, ansteht.

»Es war schon dunkel geworden, und Jesus war noch nicht zu ihnen gekommen.« Das ist eine merkwürdige Formulierung. Sie unterstellt, dass die Jünger ohne Jesus ins Boot gestiegen und losgefahren waren und dabei – schon auf der Fahrt – gewartet hatten, dass er zu ihnen komme.

Gibt es diese Situation im Leben des Christen nicht oft: Dass er ohne Jesus losfährt und später dringend wartet, dass er endlich zusteige? Oder dass er meint, Jesus in sein Leben einbezogen zu haben und mit ihm seinen Weg gegangen zu sein – und dann scheint er im Augenblick der Krise doch nicht da zu sein?

»Da wurde der See durch einen heftigen Sturm aufgewühlt.« Nach etwa fünf Kilometern Fahrt sahen sie endlich Jesus über den See gehen und sich dem Boot nähern; aber »sie fürchteten sich«.

Im Johannesevangelium fehlt die Erzählung über die »Verklärung Jesu« vor Petrus, Jakobus und Johannes, bei der diese derart von Furcht ergriffen wurden, dass sie zu Boden stürzten (vgl. Mt 17,6); aber hier ist die einzige Stelle im Evangelium, an der von diesem heiligen sich »Fürchten« die Rede ist. Sie könnte andeuten, dass es sich um ein entsprechendes Offenbarwerden der wahren Natur Jesu handelt, die gewöhnlich in seinem Menschsein verhüllt blieb.

Wem diese »Gotteserfahrung« widerfährt, den packt eine derartige Furcht, dass er eigens ermahnt und ermutigt werden muss, sich *nicht* zu fürchten. Es ist die Furcht vor dem ganz Anderen, Numinosen, Überwältigenden, der derart unfassbar ist, dass er das winzige Gefäß Mensch zu sprengen und zu zerstören scheint. Die spontane Reaktion des engen Geschöpfs auf den überwältigenden Gott ist folglich Angst, ein anderes Wort für »Furcht«: Enges empfindet unwillkürlich Angst vor Weitem.

Wie unbedarft, wie nichtsahnend erscheint da die Fülle heutiger Anleitungen, um »Gotteserfahrungen« zu machen! Muss man auf die wahren »Gotteserfahrungen« nicht draußen in der Nacht im Boot des Lebens, mitten in den Spannungen und Erschütterungen des Lebens gefasst sein? Kann man sie denn in einem vom Leben abgesonderten Raum auf dem Weg der Entspannung herbeiführen? Bieten nicht vielleicht sogar viele alltägliche fürchterliche Erfahrungen, die uns zu zerstören scheinen, einen Durchbruch in die Dimension Gottes an, wenn wir uns denn dafür aufschließen würden?

Der fürchterlich Erscheinende ruft den Jüngern im Dunkeln, in Seenot zu: »ICH BIN ES; fürchtet euch nicht!« Da ist sie wieder, diese Aussage aus dem Mund Jesu, die sich durch das ganze Johannesevangelium zieht: »ICH BIN

ES«; ICH, der zeitlos Gegenwärtige, Da-Seiende, Derjenige, der sich dem Mose offenbart hatte.

Diese Erfahrung gibt es auch heute noch. Nicht wenige Menschen erzählen, wie sie in extremen Not- und Angstsituationen – etwa vor einer lebensgefährlichen Operation – im Delirium ihrer Angst eine Stimme vernahmen, die auf unerklärliche Weise, als vernähmen sie sie akustisch, intensiv und klar sprach: »Hab keine Angst. Ich bin bei dir.« Und von dem Augenblick an legte sich der aufgewühlte Sturm, kehrte eine tiefe Ruhe ein: »… aber schon war das Boot am Ufer, das sie erreichen wollten.« Eine solche Erfahrung vergisst man nie mehr.

Glauben als Nicht-Tun, damit Gott wirken kann
Joh 6,26–29
(Jesu Rede über das Himmelsbrot)

> *Amen, amen, ich sage euch: Ihr sucht mich nicht, weil ihr Zeichen gesehen habt, sondern weil ihr von den Broten gegessen habt und satt geworden seid. Müht euch nicht ab für die Speise, die verdirbt, sondern für die Speise, die für das ewige Leben bleibt und die der Menschensohn euch geben wird. Denn ihn hat Gott, der Vater, mit seinem Siegel beglaubigt. Da fragten sie ihn: Was müssen wir tun, um die Werke Gottes zu vollbringen? Jesus antwortete ihnen: Das ist das Werk Gottes, dass ihr an den glaubt, den er gesandt hat.*

Aus der langen Rede, mit der Jesus sein Zeichen der wunderbaren Speisung selbst deutet (Joh 6,26–59), können hier nur drei kurze repräsentative Abschnitte zitiert werden.

Die Frage »Was müssen wir tun?« findet sich wörtlich auch im Lukasevangelium. Dort fragten die Volksscharen den Bußprediger Johannes: »Was sollen wir also tun?« (Lk 3,10). Er hatte ihnen darauf zur Antwort gegeben: »Wer zwei Gewänder hat, der gebe eines davon dem, der keines hat, und wer zu essen hat, der handle ebenso … (Ihr Zöllner) verlangt nicht mehr, als festgesetzt ist … (Ihr Soldaten) misshandelt niemand, erpresst niemand, begnügt euch mit eurem Sold!« (Lk 3,11–14).

Solche konkreten, praktischen Anweisungen entsprechen dem Niveau Johannes des Täufers, der, wie er selbst einräumt, nur »mit Wasser« tauft (Lk 3,16). Jeder Pfarrer, bei dem sich ein Gemeindemitglied meldet, das sich engagieren möchte, nennt diesem nur zu gern eine ganze Liste von Posten und Aktivitäten, die auf es warten. Dieses Engagement kann die praktische Konsequenz eines tiefen Glaubens sein oder, wie beim Publikum des Johannes, die Vorstufe dazu. Johannes hatte das als unzureichend bezeichnet. Nach ihm werde einer kommen, »der stärker ist als ich« und die Menschen »mit dem Heiligen Geist und mit Feuer taufen« werde (Lk 3,16).

Hier im Johannesevangelium spricht dieser Stärkere. Und er spricht von der Mitte, vom entscheidenden Punkt, der der Moral und Praxis – die eine Vorstufe dazu oder die Konsequenz daraus ist – ihre entscheidende neue Qualität gibt. Dieser innerste Kern gerät nur allzu oft in Vergessenheit. Pfarreiprogramme können eine Fülle von Aktivitäten aufzählen und sich darin ohne ihn erschöpfen. Organisierte Caritas kann funktionieren, ohne dass man noch recht weiß, warum sie funktioniert.

Von daher ist es bemerkenswert, wie Jesus die Frage nach der Praxis regelrecht auflaufen lässt, ja auf den Kopf stellt.

Die Zuhörer fragen: »Was müssen wir tun, um die Werke Gottes zu vollbringen?« Dagegen setzt Jesus die Antwort: »Das ist das Werk Gottes, dass ihr an den glaubt, den er gesandt hat.« Die Frage war so formuliert, dass die Zuhörer sich als die Aktiven sahen und die »Werke Gottes« als den Gegenstand ihres Tuns. In der Antwort Jesu ist das »Werk Gottes« die aktive Instanz – das, was Gott an den Menschen wirkt – und die Zuhörer sollen es zulassen, dass sie der Gegenstand dieses Wirkens werden. Sie sollen also ein Nicht-Tun tun: glauben. Allzu vieles Tun überspielt, dass diese Mitte fehlt. Nichts fällt Menschen in einem aktivistischen Zeitalter schwerer, als nichts zu tun und sich stattdessen ein anderes Sehen beibringen zu lassen und zu erkennen, dass das »Werk Gottes« an ihnen im Gange ist.

Das Wesentliche können wir nicht tun; wir müssen es an uns geschehen lassen – in der Begegnung mit dem, den Gott gesandt hat. Es wird uns hier also dringend nahegelegt, aus Verantwortung für unser Leben und die Welt regelmäßig einmal nichts zu tun und die Möglichkeit an uns heranzulassen, dass derjenige, den Jesus darstellt, das Entscheidende an uns und für uns tut, sofern wir uns ihm anvertrauen.

Im Johannesevangelium ist mitzuerleben, wie Jesu Zuhörer das nicht begreifen. Er kann sie noch nicht »mit dem Heiligem Geist und mit Feuer taufen«. Erst sterbend wird er der Welt »den Geist weitergeben« (Joh 19,30) und erst nach seiner Auferstehung wird er seine Jünger wirksam mit ihm »anhauchen« können (siehe Joh 20,22).

Jesus, das Brot des Lebens
Joh 6,30–36.41–44.45b–47
(Jesu Rede über das Himmelsbrot)

Sie entgegneten ihm: Welche Zeichen tust du, damit wir es sehen und dir glauben? Was tust du? Unsere Väter haben das Manna in der Wüste gegessen, wie es in der Schrift heißt: Brot vom Himmel gab er ihnen zu essen.

Jesus sagte zu ihnen: Amen, amen, ich sage euch: Nicht Mose hat euch das Brot vom Himmel gegeben, sondern mein Vater gibt euch das wahre Brot vom Himmel. Denn das Brot, das Gott gibt, kommt vom Himmel herab und gibt der Welt das Leben. Da baten sie ihn: Herr, gib uns immer dieses Brot! Jesus antwortete ihnen: Ich bin das Brot des Lebens; wer zu mir kommt, wird nie mehr hungern, und wer an mich glaubt, wird nie mehr Durst haben.

Aber ich habe euch gesagt, ihr habt (mich) gesehen, und doch glaubt ihr nicht ... Da murrten die Juden gegen ihn, weil er gesagt hatte: Ich bin das Brot, das vom Himmel herabgekommen ist. Und sie sagten: Ist das nicht Jesus, der Sohn Josefs, dessen Vater und Mutter wir kennen? Wie kann er jetzt sagen: Ich bin vom Himmel herabgekommen? Jesus sagte zu ihnen: Murrt nicht! Niemand kann zu mir kommen, wenn nicht der Vater, der mich gesandt hat, ihn zu mir führt; und ich werde ihn auferwecken am Letzten Tag ... Jeder, der auf den Vater hört und seine Lehre annimmt, wird zu mir kommen. Niemand hat den Vater gesehen außer dem, der von Gott ist; nur er hat den Vater gesehen. Amen, amen, ich sage euch: Wer glaubt, hat das ewige Leben.

Die Menschen bleiben hartnäckig auf der Ebene des Tuns und stellen jetzt sogar Jesus (gleich zweimal!) die Frage: »Was tust du?« Er sollte das Gleiche tun wie Mose: ihnen Brot vom Himmel beschaffen. Dann würden sie ihn als brauchbaren »Propheten« akzeptieren.

Nicht der »Himmel« interessiert sie, und auch nicht eine »Auferweckung am Jüngsten Tag« und ein »ewiges Leben«, sondern das Brot. In die heutige Situation versetzt: Viele interessiert an der »Spiritualität« und Religion nicht eine echte Transzendenz oder die Beziehung zu deren Inkarnation Jesus Christus, sondern die Verbesserung ihrer eigenen Befindlichkeit. In den Wohlstandsländern braucht man dazu nicht mehr »Brot«, sondern »Erfahrungen«, die die eigene Zuversicht und Energie steigern. Ein solcher Narzissmus ist ungeheuer schwer aufzusprengen.

Jesus korrigiert die verkürzte Erinnerung seiner Gesprächspartner: Es war nicht (rein innerweltlich) Mose, der ihnen das Brot vom Himmel gegeben hatte, sondern »mein Vater« (und jetzt wechselt er jäh in die Gegenwartsform) »gibt euch das wahre Brot vom Himmel«. An einer längeren Diskussion über die Vergangenheit ist er nicht interessiert. Es geht um die Gegenwart: »Das Brot, das Gott (hier und heute) gibt, kommt vom Himmel herab und gibt der Welt das Leben.«

Das Missverständnis ist immer wieder das gleiche. Der Evangelist wiederholt hier zum Teil wörtlich, was er schon mit dem Stichwort »Wasser« durchgespielt hatte. Die Menschen greifen nur das Stichwort »Brot« auf und bitten: »Herr, gib uns immer dieses Brot!« Sie können nicht über ihre »natürliche« Vorstellung vom »Brot« hinausdenken.

Dieses Mal versucht Jesus diese Verschlossenheit direkt aufzusprengen und erwidert: »Ich bin das Brot des Lebens!« Es ist verblüffend, mit welcher Hartnäckigkeit und

Konsequenz er sich selbst in die Mitte stellt und mit Gott gleichsetzt – und zugleich bemerkenswert, wie sehr er immer wieder betont, in vollkommener Übereinstimmung mit dem »Vater«, ja Abhängigkeit von diesem zu sein. Diese Abhängigkeit geht so weit, dass niemand zu ihm kommen könne, »wenn nicht der Vater, der mich gesandt hat, ihn zu mir führt«. Er selbst kann buchstäblich gegen den Unglauben seiner Gesprächspartner nichts »tun«.

Was heisst »das Fleisch und Blut Jesu essen«?
Joh 6,48–57
(Jesu Rede über das Himmelsbrot)

Ich bin das Brot des Lebens. Eure Väter haben in der Wüste das Manna gegessen und sind gestorben. So aber ist es mit dem Brot, das vom Himmel herabkommt: Wenn jemand davon isst, wird er nicht sterben. Ich bin das lebendige Brot, das vom Himmel herabgekommen ist. Wer von diesem Brot isst, wird in Ewigkeit leben. Das Brot, das ich geben werde, ist mein Fleisch, (ich gebe es hin) für das Leben der Welt.

Da stritten sich die Juden und sagten: Wie kann er uns sein Fleisch zu essen geben? Jesus sagte zu ihnen: Amen, amen, das sage ich euch: Wenn ihr das Fleisch des Menschensohnes nicht esst und sein Blut nicht trinkt, habt ihr das Leben nicht in euch. Wer mein Fleisch isst und mein Blut trinkt, hat das ewige Leben, und ich werde ihn auferwecken am Letzten Tag. Denn mein Fleisch ist wirklich eine Speise, und mein Blut ist wirklich ein Trank. Wer mein Fleisch isst und mein Blut trinkt, der bleibt in mir, und ich bleibe in ihm. Wie mich der lebendige Vater gesandt hat und wie ich durch den Vater lebe, so wird jeder, der mich isst, durch mich leben.

Im Johannesevangelium wird nicht ausdrücklich von der Einsetzung des Letzten Abendmahls berichtet. Vielleicht war diese Tradition bereits zu selbstverständlich oder der Evangelist wollte von vornherein das Missverständnis ausschließen, bei dieser Feier handle es sich um einen sakralen Ritus im üblichen Sinn der Religionsgeschichte. Auf Letzteres könnte der Umstand hindeuten, dass er im 13.

Kapitel den Bericht über ein Abschiedsmahl Jesu kurz vor dem Paschafest und seinem Tod mit dem Satz einleitet: »Da er die Seinen, die in der Welt waren, liebte, erwies er ihnen seine Liebe bis zur Vollendung« (Joh 13,1), und sodann erzählt, wie er ihnen anhand der alltäglichen, niedrigen Geste der Fußwaschung symbolisch sein Vermächtnis zusammenfasste.

Die lange »Brotrede« im 6. Kapitel wird sich jedoch auf die Abendmahlsfeier beziehen, bei der die Gläubigen im Brot und Wein das Fleisch und das Blut Christi essen und trinken und damit sein Leiden, Sterben und Auferstehen in sich aufnehmen und in dieses aufgenommen werden.

Jesu Aufforderung, sein Fleisch zu essen, hat mit »Kannibalismus« überhaupt nichts zu tun (wie das manche Autoren bis heute unterstellen). Wer das meinen wollte, bliebe genau dem Missverständnis verhaftet, das die Zuhörer Jesu im Evangelium unverbesserlich pflegen: die Bilder in ihrem »natürlichen« Sinn zu nehmen. Von daher *müssen* sie erregt fragen: »Wie kann er uns sein Fleisch zu essen geben?« In Wirklichkeit hat Jesus mit seiner Existenz und Botschaft alle blutigen Opferkulte ein für alle Mal überholt und sublimiert – ein in der Religionsgeschichte revolutionäres Ereignis.

Wenn Jesus von seinem »Fleisch« und »Blut« spricht, spielt er damit in erster Linie auf seine gesamte Existenz an. Mit seiner Aussage, er gebe als Brot sein Fleisch »für das Leben der Welt«, bezeichnet er seine Existenz als eine radikale Pro-Existenz, als ein Dasein für den »Vater« und die Menschen. Dem entspricht, was im 10. Kapitel des Hebräerbriefs unter Verwendung eines Zitats aus Psalm 39,7 dargelegt wird: Gott habe Jesus »einen Leib geschaffen«, um »seinen Willen zu tun« und damit alle Opfer aufzuheben. Die zweifellos etwas komplizierte Argumentation soll hier nicht weiter ausgebreitet werden. Worum es geht, ist das, was sich bereits durch die bisherigen Texte deutlich zog: die Erklärung Jesu, ganz den Willen des Vaters erfüllen zu wollen, sozusagen – um mit ähnlichen heutigen »körperlichen« Bildern zu sprechen – mit »Haut und Haaren« oder »Kopf und Kragen«. Und festzuhalten bleibt, dass »das Fleisch und Blut Jesu essen« primär bedeutet, den »modus« (wie Bernhard von Clairvaux es formulierte) der Existenz Jesu zu übernehmen, also seine »Art und Weise«, seinen Grundansatz. (Der spätere Begriff der »imitatio«, der »Nachahmung«, wurde dagegen oft zu oberflächlich verstanden.)

Die gemeinsame Feier, bei der die Christen im Brot und Wein »den Leib und das Blut Christi« zu sich nehmen, besiegelt und bestärkt ihren Willen, die Existenz Christi zur eigenen Existenz werden zu lassen, damit sein Wort sich erfüllt: »Wer mein Fleisch isst und mein Blut trinkt, der bleibt in mir, und ich bleibe in ihm«. Sie kann zur Erfahrung führen, dass dies bereits begonnen hat, wahr zu werden.

AN JESUS GLAUBEN HEISST IM GESPRÄCH MIT IHM SEIN
JOH 6,60–71
(DIE SPALTUNG UNTER DEN JÜNGERN)

Viele seiner Jünger, die ihm zuhörten, sagten: Was er sagt, ist unerträglich. Wer kann das anhören? Jesus erkannte, dass seine Jünger darüber murrten, und fragte sie: Daran nehmt ihr Anstoß? Was werdet ihr sagen, wenn ihr den Menschensohn hinaufsteigen seht, dorthin, wo er vorher war? Der Geist ist es, der lebendig macht; das Fleisch nützt nichts. Die Worte, die ich zu euch gesprochen habe, sind Geist und sind Leben. Aber es gibt unter euch einige, die nicht glauben. Jesus wusste nämlich von Anfang an, welche es waren, die nicht glaubten, und wer ihn verraten würde. Und er sagte: Deshalb habe ich zu euch gesagt: Niemand kann zu mir kommen, wenn es ihm nicht vom Vater gegeben ist.

Daraufhin zogen sich viele Jünger zurück und wanderten nicht mehr mit ihm umher. Da fragte Jesus die Zwölf: Wollt auch ihr weggehen? Simon Petrus antworte ihm: Herr, zu wem sollen wir gehen? Du hast Worte des ewigen Lebens. Wir sind zum Glauben gekommen und haben erkannt: Du bist der Heilige Gottes. Jesus erwiderte: Habe ich nicht euch, die Zwölf, erwählt? Und doch ist einer von euch ein Teufel. Er sprach von Judas, dem Sohn des Simon Iskariot; denn dieser sollte ihn verraten: einer der Zwölf.

Mit diesem Text wird die Wirkung der »Brotrede« Jesu beschrieben. Sie wurde als »unerträglich« empfunden. Das ist sie bis heute. Sie verlangt eine völlig neue Sichtweise, eine ganz neue Lebensorientierung: den Glauben an Jesus und seinen Lebensentwurf.

Im griechischen Text heißt das, was viele der Jünger zueinander sagen, wörtlich: »Unerträglich ist dieses Wort *(logos)*.« Man kann das auch lesen als »Unerträglich ist dieser Logos«, dieses Fleisch gewordene Wort, von dem im Prolog des Evangeliums die Rede war, also: Unerträglich ist dieser Jesus.

An ihn glauben heißt grundsätzlich mit ihm im Gespräch sein. Typischerweise reden die ungläubigen Jünger nicht mit ihm, sondern nur untereinander über ihn, haben also das Gespräch mit ihm abgebrochen. Jesus geht noch einmal auf sie zu, mildert jedoch nicht seinen Anspruch, sondern verstärkt ihn eher noch. Der Evangelist lässt ihn an die Aussage im Prolog anknüpfen, das Wort sei schon immer bei Gott gewesen und sei in ihm Fleisch, ein »Menschensohn«, geworden: »Wenn ihr den Menschensohn hinaufsteigen seht, dorthin, wo er vorher war?« Das ist ein halber Satz. Womit sollte man ihn ergänzen? Etwa mit: »… wie werdet ihr dann erst glauben können?« Oder eher mit: »… werdet ihr dann nicht bereuen, ihm nicht geglaubt zu haben?« Das bleibt offen.

Wenn der Evangelist hier von Jesus sagt, dass er »von Anfang an wusste, welche es waren, die nicht glaubten, und wer ihn verraten würde«, wird das keine Aussage über den historischen Jesus sein. Es ist Ausdruck der Überzeugung des Evangelisten, dass in Jesus der allwissende Gott Mensch geworden war. Wäre im Menschgewordenen dieses Wissen nicht verschattet gewesen, dann wäre er kein wirklicher Mensch gewesen und hätte nur ein seltsames Theater gespielt.

Wichtiger als dieses Thema wird sein, dass hier wieder das Rätsel thematisiert ist, warum die einen glauben und die anderen nicht. Hier entsteht geradezu der Eindruck, Jesus sei in eine Welt eingetreten, in der sich nichts mehr bewegen ließ; die Fronten scheinen bereits festgestanden zu haben. War sein Vorauswissen eine Vorausbestimmung jedes einzelnen Menschen? Es klingt fast so: »Deshalb habe ich zu euch gesagt: Niemand kann zu mir kommen, wenn es ihm nicht vom Vater gegeben ist.«

Heißt das, dass Jesus in die Welt kam, nur um die zu sammeln, denen es vom Vater (schon längst) gegeben war, für ihn offen zu sein? Oder wird damit noch einmal betont, dass sich der Glaube nicht erzwingen, nicht »machen« lasse (weiter oben war das »Tun« in Frage gestellt worden), es jedoch um die entscheidende Haltung gehe, sich etwas geben zu lassen?

Darauf könnte die Aussage hindeuten: »Der Geist ist es, der lebendig macht; das Fleisch nützt nichts.« Damit ist nicht der griechische Dualismus von Geist und Materie gemeint. »Fleisch«, so wurde im vorigen Abschnitt deutlich, wird hier als der Träger des Willens verstanden. Der nur um sich selbst kreisende Wille ist »sündiges«, weil abgesondertes »Fleisch«, dem Tod verfallen, wie Paulus im Römerbrief 6–8 ausführlich dargelegt hat. Und »Geist« ist der Träger des Wortes, der intensivsten Kommunikation. Jesus weist ihm hier die gleiche Fähigkeit zu, über die der Vater und er verfügen: Er kann Leben schaffen. Und wenn er weiter sagt: »Die Worte, die ich zu euch gesprochen habe, sind Geist und sind Leben«, so muss das doch bedeuten, dass diese Worte weiterhin solches Leben dort schaffen können, wo es bisher noch nicht war.

Diejenigen, die sich zurückziehen und nicht mehr mit Jesus umherwandern, können von diesen Worten allerdings nicht mehr erreicht werden.

Zum Schluss stellt der Evangelist noch die beiden extremen Reaktionsweisen in Gestalt zweier Personen aus dem engeren Jüngerkreis, dem der »Zwölf«, plakativ vor Augen. Auf die Frage Jesu »Wollt auch ihr weggehen?« antwortet Simon Petrus im Namen aller: »Herr, zu wem sollen wir gehen? Du hast Worte des ewigen Lebens.« Das ist eine Anrede, ja ein Gebet, das sich immer wieder empfiehlt, wenn man sich in der geistlichen Schriftlesung vom »Wort« ansprechen lassen will. Und Petrus bekennt: »Wir sind zum Glauben gekommen und haben erkannt: Du bist der Heilige Gottes.« Judas, der spätere Verräter, gibt keine Antwort. Er bleibt stumm, hat das Gespräch längst abgebrochen. Die Bezeichnung »Teufel« deutet das absolute Extrem zum Leben spendenden Wort an.

Die Zuspitzung des Konflikts und der Frage an die Leser
Joh 7,37–44
(Der Streit im Hohen Rat um Jesus)

Am letzten Tag des Festes, dem großen Tag, stellte sich Jesus hin und rief: Wer Durst hat, komme zu mir, und es trinke, wer an mich glaubt. Wie die Schrift sagt: Aus seinem Inneren werden Ströme von lebendigem Wasser fließen. Damit meinte er den Geist, den alle empfangen sollten, die an ihn glauben; denn der Geist war noch nicht gegeben, weil Jesus noch nicht verherrlicht war. Einige aus dem Volk sagten, als sie diese Worte hörten: Er ist wahrhaftig der Prophet. Andere sagten: Er ist der Messias. Wieder andere sagten: Kommt denn der Messias aus Galiläa? Sagt nicht die Schrift: Der Messias kommt aus dem Geschlecht Davids und aus dem Dorf Betlehem, wo David lebte? So entstand seinetwegen eine Spaltung in der Menge. Einige von ihnen wollten ihn festnehmen; aber keiner wagte ihn anzufassen.

Jesus trifft mit seinem Wort weithin auf verschlossene Ohren und Herzen, ja sogar auf Feindschaft. Es wird schon von ihm geredet als von dem, »den sie töten wollen« (Joh 7,25). Da wird er immer provozierender. Er weigert sich zunächst, zum Laubhüttenfest nach Jerusalem mitzugehen, weil seine »Zeit noch nicht erfüllt« sei (Joh 7,8). »Als das Fest schon zur Hälfte vorüber war«, ging er doch hin. Das erinnert an sein Zögern auf der Hochzeit von Kana. Er hat wieder sozusagen auf das »Startsignal« dessen warten müssen, der ihn »gesandt hat« (Joh 7,28).

Die Formulierung, dass er sich »am letzten, dem großen Tag des Festes« offen hinstellte, lässt sich so verstehen, dass der Evangelist damit sagen will, das sei grundsätzlich der »letzte Tag« dieses jüdischen Festes gewesen und sein Sinn sei in Jesus aufgehoben und erfüllt.

Man stelle sich vor, bei einem päpstlichen Festhochamt in Rom trete einer vor und rufe aus: »Wer das wahre Leben finden will, lasse diese Feier bleiben. Er komme zu mir und glaube mir!« Dann kann man ermessen, wie skandalös, ja absurd das wirkt, wenn Jesus während des feierlichen Ritus des Wasserschöpfens und -ausgießens, der bei diesem Fest veranstaltet wird, sich hinstellt und ruft: »Wer Durst hat, komme zu mir, und es trinke, wer an mich glaubt!«

Er verspricht, wer von ihm trinke, aus dessen Innerem würden »Ströme lebendigen Wassers« fließen. Dabei fügt er ausdrücklich hinzu, man müsse dieses Bild von der »Schrift« her deuten. Es findet sich bei Ezechiel 47,1–12 und Sacharja 14,8: wie aus dem Inneren des »Tempels« Wasser strömt, das die ganze Schöpfung heilt. So steckt darin zugleich seine revolutionäre Aussage, dass sein Leib, und auch der Leib jedes Gläubigen, der »Tempel« sei.

Mit dieser öffentlichen Proklamation legt er es jetzt regelrecht darauf an, verhaftet zu werden. Denn ihm ist klar geworden, dass es zum Durchbruch seiner Botschaft seines persönlichen Zusammenbruchs bedarf. Damit kann er erweisen, dass er die »Seinigen, die ihn nicht aufnehmen« (vgl. Joh 1,11), tatsächlich »bis zum Ende liebt« (Joh 13,1) und dass diese Liebe nicht endgültig scheitert, sondern in ein neues Leben führt und den »Geist« freisetzt. Darauf weist der Evangelist ausdrücklich hin: »Denn der Geist war noch nicht da, weil Jesus noch nicht verherrlicht war.«

Die Menge ist weiterhin gespalten, was sie von ihm halten soll; es gibt ein ganzes Spektrum von Ansichten.

Die Diener der Hohenpriester und Pharisäer, die ausgeschickt worden waren, um ihn zu einer Vernehmung zu holen – ihn also aus der Nähe und ganz persönlich gehört hatten –, hatten es nicht gewagt, Hand an ihn zu legen: »Denn noch nie hat ein Mensch so gesprochen.« Die obersten religiösen Autoritäten dagegen, die Jesus noch gar nicht »angehört« hatten (Joh 7,51), verfluchen sogar ihr Volk, weil es Jesus nicht einhellig ablehnt.

Damit wird die Unausweichlichkeit vor Augen geführt, zu Jesus Stellung zu nehmen, auch den Leserinnen und Lesern des Evangeliums. Was sagen Sie? Ist er ein Mensch wie jeder andere? Ein Weisheitslehrer und Prophet wie viele andere? Der Messias der Juden? Oder tatsächlich die absolute Mitte und Quelle: der im Fleisch gekommene Gott selbst?

Das »Licht der Welt«, Quelle der Zuversicht
Joh 8,12–14 (Jesu Selbstzeugnis)

Als Jesus ein andermal zu ihnen redete, sagte er: Ich bin das Licht der Welt. Wer mir nachfolgt, wird nicht in der Finsternis umhergehen, sondern das Licht des Lebens haben. Da sagten die Pharisäer zu ihm: Du legst über dich selbst Zeugnis ab; dein Zeugnis ist nicht gültig. Jesus erwiderte ihnen: Auch wenn ich über mich selbst Zeugnis ablege, ist mein Zeugnis gültig. Denn ich weiß, woher ich gekommen bin und wohin ich gehe. Ihr aber wisst nicht, woher ich komme und wohin ich gehe.

Mit der Beschreibung, wie Jesus infolge seines revolutionären Anspruchs, Gottes Stelle einzunehmen, jeden Augenblick die Verhaftung und der Tod droht, hat der Evangelist die konkrete Lebenssituation seiner Mitgläubigen zur Zeit um die erste Jahrhundertwende erreicht und thematisiert. Sie waren eine ausgestoßene, verfolgte Minderheit. In seiner Darstellung steckt die Botschaft: Was ihm blüht – im Scheitern wie im Auferstehen –, das blüht uns. Die weiteren Ausführungen bieten einprägsame Meditationen, ja geradezu Bekenntnistexte für die Gläubigen, damit sie sich des Fundaments und der Mitte ihrer Hoffnung versichern können.

»Ich bin das Licht der Welt« ist das zweite der sogenannten sieben Ich-bin-Worte (Joh 6,35; 8,12; 10,9.11; 11,25; 15,5), die (außer dem Bild vom »Hirten« 10,11) den gleichen Aufbau haben: Jesus stellt sich in den Mittelpunkt (»Ich bin«), nennt ein Bild für sich (»Licht der Welt«), fordert auf, dem Bild zu entsprechen (»dem Licht folgen«) und spricht denjenigen, die das tun, eine Verheißung zu (»sie werden nicht in der Finsternis gehen und das Licht des Lebens haben«). Er stellt darin den Anspruch, dass sich in ihm und nur in ihm das Heil der Menschen erfülle.

Im Dialog der Weltreligionen wirken diese Texte gewiss sperrig. Aber vor jedem fruchtbaren Dialog mit ganz anderen muss man sich erst in der eigenen Identität verwurzeln, wie sie Jesus hier mit souveräner innerer Sicherheit an den Tag legt: »Denn ich weiß, woher ich gekommen bin und wohin ich gehe.« Um diese Verwurzelung, und nur um sie, geht es hier. Wer sie nicht hat, führt auch keinen echten Dialog, sondern neigt dazu, alles für ungefähr gleich zu halten. Ein von einer Person oder Idee wirklich Begeisterter ist überzeugt, sie sei für ihn die einzig Wahre.

Die Bilder dieser »Ich-bin-Worte« sind inspiriert von entsprechenden Bildern aus dem Alten Testament, weshalb sich ihr tiefster Sinn von diesen her erschließt. In Psalm 36,9–10 zum Beispiel finden sich die beiden zuletzt angeführten Bilder sogar miteinander verknüpft. Da spricht der Beter Gott an: »Sie laben sich am Reichtum deines Hauses; du tränkst sie mit dem Strom deiner Wonnen. Denn bei dir ist die Quelle des Lebens, in deinem Licht schauen wir das Licht.«

Am ersten Abend des Laubhüttenfests waren nach Sonnenuntergang im Tempel vier goldene Leuchter aufgestellt worden. Es hieß, dass ihr Licht jedes Haus im Land erhelle. Damit wurde der Licht- und Feuersäule gedacht, die das Volk bei Nacht durch die Wüste geführt hatte (Weish 18,3). In ihr war »der Herr« selbst vor seinem Volk hergezogen, »um ihnen zu leuchten« (Ex 13,21). Und der Prophet Jesaja hatte später verheißen: »Das Volk, das im Dunkel lebt, sieht ein helles Licht; über denen, die im Land der Finsternis wohnen, strahlt ein Licht auf« (Jes 9,1).

Bereits im Prolog des Johannesevangeliums war dieses Bild aufgegriffen worden: »Und das Licht leuchtet in der Finsternis, und die Finsternis hat es nicht erfasst« (Joh 1,5; darüber noch ausführlicher Joh 3,19–21).

»Warum rede ich überhaupt noch mit euch?«
Joh 8,21–29
(Die Herkunft und Bestimmung Jesu)

> *Ein andermal sagte Jesus zu ihnen: Ich gehe fort, und ihr werdet mich suchen, und ihr werdet in eurer Sünde sterben. Wohin ich gehe, dorthin könnt ihr nicht gelangen. Da sagten die Juden: Will er sich etwa umbringen? Warum sagt er sonst: Wohin ich gehe, dorthin könnt ihr nicht gelangen? Er sagte zu ihnen: Ihr stammt von unten, ich stamme von oben; ihr seid aus dieser Welt, ich bin nicht aus dieser Welt. Ich habe euch gesagt: Ihr werdet in euren Sünden sterben; denn wenn ihr nicht glaubt, dass ich es bin, werdet ihr in euren Sünden sterben. Da fragten sie ihn: Wer bist du denn? Jesus antwortete: Warum rede ich überhaupt noch mit euch? Ich hätte noch viel über euch zu sagen und viel zu richten, aber er, der mich gesandt hat, bürgt für die Wahrheit, und was ich von ihm gehört habe, das sage ich der Welt. Sie verstanden nicht, dass er damit den Vater meinte. Da sagte Jesus zu ihnen: Wenn ihr den Menschensohn erhöht habt, dann werdet ihr erkennen, dass ich es bin. Ihr werdet erkennen, dass ich nichts im eigenen Namen tue, sondern nur das sage, was mich der Vater gelehrt hat. Und er, der mich gesandt hat, ist bei mir; er hat mich nicht allein gelassen, weil ich immer das tue, was ihm gefällt.*

Hier wird ein Thema fortgeführt, das der Evangelist bereits kurz im vorigen Kapitel angesprochen hatte. In Joh 7,32–34 hatte er berichtet, die Hohenpriester und Pharisäer hätten Diener losgeschickt, um Jesus »festnehmen zu lassen«. Darauf habe Jesus gesagt: »Ich bin nur noch kurze Zeit bei euch; dann gehe ich fort, zu dem, der mich gesandt hat. Ihr werdet mich suchen, und ihr werdet mich nicht finden; denn wo ich bin, dorthin könnt ihr nicht gelangen.« Der Sinn ist – wie immer – doppelbödig. Oberflächlich verstanden, werden sie ihn ja bald suchen, finden und festnehmen. Trotzdem entzieht er sich ihnen.

Es wird ihnen gehen wie der ersten Generation derjenigen, die in der Wüste der Licht- und Feuersäule zwar gefolgt waren, aber dann in ihrer Sünde, ihrer Weigerung gegen Gott gestorben waren, ohne das »Gelobte Land« zu erreichen. Jesus begründet es so: »Ihr seid aus dieser Welt, ich bin nicht aus dieser Welt. Ich habe euch gesagt: Ihr werdet in euren Sünden sterben.«

Damit kommt wieder zur Sprache, dass Jesus, das Fleisch gewordene Wort, »bei Gott war«, also nicht in »dieser Welt«: »Ihr seid von unten, ich bin von oben.« Angesichts des hartnäckigen Unverständnisses seiner Zuhörer fragt sich dieses leibhaftige Wort: »Warum rede ich überhaupt noch mit euch?«

Als Skandal, ja Blasphemie an seiner Rede wirkte, dass er sich mit Gott gleichsetzte. Das wiederholt er auch hier kompromisslos, wenn er in Aussicht stellt: »Dann werdet ihr erkennen, dass ICH BIN ES«, denn das ist wieder eindeutig der Anspruch, der zu sein, der zu Mose aus dem Dornbusch sprach. Genauso unerträglich war der Eindruck, er spreche von zwei Göttern: dem »Vater« und sich selbst. Daher versucht er unermüdlich, seine absolute Übereinstimmung mit dem Vater zu betonen: »Was ich von ihm gehört habe, das sage ich der Welt … Er, der mich gesandt hat, ist bei mir … weil ich immer das tue, was ihm gefällt.«

Immer öfter taucht jetzt die Ankündigung auf, der Menschensohn werde »erhöht« werden, und erst dann werde man erkennen, wer er sei.

Ein Leben, das nie mehr umzubringen ist
Joh 8,51–59 (Jesus und Abraham)

> *Amen, amen, ich sage euch: Wenn jemand an meinem Wort festhält, wird er auf ewig den Tod nicht schauen. Da sagten die Juden zu ihm: Jetzt wissen wir, dass du von einem Dämon besessen bist. Abraham und die Propheten sind gestorben, du aber sagst: Wenn jemand an meinem Wort festhält, wird er auf ewig den Tod nicht erleiden. Bist du etwa größer als unser Vater Abraham? Er ist gestorben, und die Propheten sind gestorben. Für wen gibst du dich aus? Jesus antwortete: Wenn ich mich selbst ehre, so gilt meine Ehre nichts. Mein Vater ist es, der mich ehrt, er, von dem ihr sagt: Er ist unser Gott. Doch ihr habt ihn nicht erkannt. Ich aber kenne ihn, und wenn ich sagen würde: Ich kenne ihn nicht, so wäre ich ein Lügner wie ihr. Aber ich kenne ihn und halte an seinem Wort fest. Euer Vater Abraham jubelte, weil er meinen Tag sehen sollte. Er sah ihn und freute sich. Die Juden entgegneten: Du bist noch keine fünfzig Jahre alt und willst Abraham gesehen haben? Jesus erwiderte ihnen: Amen, amen, ich sage euch: Noch ehe Abraham wurde, bin ich. Da hoben sie Steine auf, um sie auf ihn zu werfen. Jesus aber verbarg sich und verließ den Tempel.*

Man sollte meinen, einige erläuternde Sätze hätten genügen müssen, um das unablässige Aneinandervorbeireden zu beheben: Dass man hier auf zwei verschiedenen Ebenen vom »Sterben« spreche und sich einigen könne, welche Aussage man auf welcher Ebene meine. Aber unser Text ist nun einmal kein Protokoll historischer Gespräche, sondern – ein Dreivierteljahrhundert danach – die kunstvoll stilisierte Darstellung der tragischen Situation, einander gegenseitig absolut nicht mehr zu verstehen.

Menschen greifen in solchen Sackgassen nach Gewalt, um ihre Überzeugung durchzusetzen. Jesus dagegen wählt die Festigkeit absoluter Gewaltlosigkeit, die ihn das Leben kostet. Sein freiwilliger Gang in den Tod wird für alle den Durchbruch in die Dimension ermöglichen, in der man »auf ewig den Tod nicht erleiden« muss.

Das physische Sterben wird dieser Dimension gegenüber belanglos. Abraham und die Propheten sind in ihr. Jesus war in ihr, ist in der beschriebenen tödlichen Konfliktsituation in ihr und wird in ihr sein. So spricht er wieder – und wieder in enger Rückbindung an den »Vater« – sein kategorisches ICH BIN: »Noch ehe Abraham wurde, bin ich.«

In jedem, der an Jesus glaubt und so standhält wie er, steckt diese gleiche Art von Leben, das nicht mehr umzubringen ist.

Die wirklich Sehenden und die wirklich Blinden
Joh 9,1–7 (Die Heilung eines Blinden)

Unterwegs sah Jesus einen Mann, der seit seiner Geburt blind war. Da fragten in seine Jünger: Rabbi, wer hat gesündigt? Er selbst? Oder haben seine Eltern gesündigt, so dass er blind geboren wurde? Jesus antwortete: Weder er noch seine Eltern haben gesündigt, sondern das Wirken Gottes soll an ihm offenbar werden. Wir müssen, solange es Tag ist, die Werke dessen vollbringen, der mich gesandt hat; es kommt die Nacht, in der niemand mehr etwas tun kann. Solange ich in der Welt bin, bin ich das Licht der Welt. Als er dies gesagt hatte, spuckte er auf die Erde; dann machte er mit dem Speichel einen Teig, strich ihn dem Blinden auf die Augen und sagte zu ihm: Geh und wasch dich in dem Teich Schiloach! Schiloach heißt übersetzt: Der Gesandte. Der Mann ging fort und wusch sich. Und als er zurückkam, konnte er sehen.

Die lange Erzählung vom Nachspiel dieser Heilung füllt das ganze 9. Kapitel. Sie kann hier aus Platzgründen nicht abgedruckt werden. Es lohnt sich, sie sorgfältig ganz zu lesen. Immer neu kreist der Evangelist um die Frage, warum und wie manche zum Glauben kommen und andere nicht. Dies hier ist ein besonders kunstvoll komponierter Text.

»Das Wirken Gottes« solle an diesem Beispiel »offenbar« werden, lässt der Autor Jesus sagen. Er müsse, »solange es Tag ist, die Werke dessen vollbringen, der mich gesandt hat; es kommt die Nacht, in der niemand mehr etwas tun kann. Solange ich in der Welt bin, bin ich das Licht der Welt.« Die Lage spitzt sich spürbar zu: Die abgründige »Nacht«, der sich Jesus bewusst stellt, rückt rasch näher. »Unterwegs« demonstriert er noch einmal, dass er das Licht bringen will.

Der Blinde wird als unbedarft und unbelastet vorgestellt: »Weder er noch seine Eltern haben gesündigt.« Er bittet nicht einmal, geheilt zu werden. Er lässt sich ansprechen, führt widerspruchslos einen etwas eigenartigen Ritus aus und wird sehend.

Wenn man so »blind gehorcht«, bedarf es der Überzeugung, dass man blind ist. Wer davon überzeugt ist, sehend und »wissend« zu sein, wäre nur schwer zu etwas Derartigem zu bewegen.

In der Folge wird der sehend Gewordene unwillkürlich zum »Zeugen« für Jesus, den er noch gar nicht richtig kennt. Diejenigen dagegen, die im Text dreimal energisch auf ihr »Wissen« pochen, erweisen sich als heillos Blinde. Sie werden karikiert als hoffnungslos Unbelehrbare, für die nicht sein kann, was nicht sein darf. So festgefahren sind nicht nur religiöse Dogmatiker. Genau so können sich Menschen mit »gesundem Menschenverstand« und empirische Wissenschaftler unter Berufung auf ihr »Wissen« gegen offensichtliche Phänomene des Glaubens sperren.

Die Blinden entgegnen schließlich dem Sehenden: »Du bist ganz und gar in Sünden geboren (was Jesus ausdrücklich verneint hatte), und du willst uns belehren? Und sie stießen ihn hinaus« (Joh 9,34).

Hier kehrt der Evangelist zur Situation seiner Gemeinde zurück, bei der es sich um »Ausgestoßene« handelte. Ihnen wurde bewusst, warum man sie ausgestoßen hatte: Weil sie sich von ihrer Blindheit hatten heilen lassen und Zeugnis dafür ablegten.

Den »Sehenden« aller Zeiten blüht das. Der Wüstenvater Antonius sagte: »Es kommt eine Zeit, da verlieren die

Leute den Verstand. Wenn sie dann einen finden, der nicht den Verstand verloren hat, fallen sie über ihn her und schreien ihn an: Du hast den Verstand verloren, denn du bist nicht wie wir!«

Das Gleichnis vom Hirten, der aus dem Schafstall hinausführt
Joh 10,1–6 (Der Gute Hirt)

Amen, amen, das sage ich euch: Wer in den Schafstall nicht durch die Tür hineingeht, sondern anderswo einsteigt, der ist ein Dieb und ein Räuber. Wer aber durch die Tür hineingeht, ist der Hirt der Schafe. Ihm öffnet der Türhüter, und die Schafe hören auf seine Stimme; er ruft die Schafe, die ihm gehören, einzeln beim Namen und führt sie hinaus. Wenn er alle seine Schafe hinausgetrieben hat, geht er ihnen voraus, und die Schafe folgen ihm; denn sie kennen seine Stimme. Einem Fremden aber werden sie nicht folgen, sondern sie werden vor ihm fliehen, weil sie die Stimme des Fremden nicht kennen. Dieses Gleichnis erzählte ihnen Jesus, aber sie verstanden nicht den Sinn dessen, was er ihnen gesagt hatte.

Dies ist das erste Gleichnis, das Jesus im Johannesevangelium erzählt. Er erzählt es den Pharisäern, »damit die Blinden sehend und die Sehenden blind werden.« Diese Wirkung bezeichnet er als »Gericht« (9,39): Diejenigen, die sich dem neuen Sehen versperren, aber behaupten: »Wir sehen«, bleiben in ihrer »Sünde« befangen (9,41) und die Wahrheit kann sie nicht »befreien« (8,32). Folglich »verstanden sie nicht den Sinn dessen, was er ihnen gesagt hatte« (10,6).

Auch als heutiger Leser bleibt man unsicher, was genau Jesus mit diesem Gleichnis sagen wollte. Der Evangelist fügt in den Versen 10,7–18 als Hilfe einige unterschiedliche Interpretationen aus dem Mund Jesu an, aber es ist gut, das Gleichnis zunächst einmal in sich zu betrachten.

Mit dem Hirten, der »durch die Tür hineingeht«, wird Jesus sich selbst meinen. Nach den bisherigen Darstellungen des Evangeliums könnte mit dem »Türhüter« Johannes der Täufer gemeint sein: Er »öffnete« die »Tür« für Jesus, damit die »Schafe« »auf seine Stimme hörten«. Die »Schafe« wären von daher diejenigen, die auf das Zeugnis des Johannes hin dem Ruf Jesu gefolgt waren. Sie waren eingesperrt. Was hier im Text mit »Schafstall« übersetzt wird, bedeutet im griechischen Text einen von einer hohen Mauer umgebenen Hof am Haus, den man nur durch eine Tür betreten kann oder durch »Hinübersteigen« (wie es in Joh 10,1 wörtlich heißt). Darin halten sich die Schafe auf, und wenn der Hirt sie beim Namen ruft, folgen sie ihm. Folglich kann es sich bei den Eingesperrten kaum um die in ihrem »Wissen« eingesperrten Pharisäer handeln. Sie ließen sich eher mit den nach dem Tod Jesu hinter versperrten Türen versammelten Jüngern vergleichen (vgl. Joh 20,19) und im weiteren Sinn mit allen verzagten, ängstlichen Gläubigen. »Er ruft sie einzeln beim Namen und führt sie hinaus.« So rief der Auferstandene auch eine Frau bei ihrem Namen »Maria!« und sie erkannte ihn wieder (siehe Joh 20,16) und er ging vor ihr her »zum Vater«, wohin sie ihm zwar noch nicht gleich folgen konnte; aber sie konnte zu den andern hingehen und ihnen verkünden: »Ich habe den Herrn gesehen!« (vgl. Joh 20,17–18) und auf seiner Spur bleiben. Und schon vorher hatte er seinen verstorbenen Freund mit dem Ruf »Lazarus! Komm heraus!« aus seinem Grab herausgerufen (Joh 11,43).

Der Hirt, der durch die Tür hineingeht, wäre folglich ein Bild für Jesus, der ins Menschsein und den Tod hineingeht – also sich selbst zum »Schaf«, zum »Lamm« (Joh 1,29.36) macht –, um daraus »alle seine Schafe hinauszuführen« und vor ihnen herzugehen.

Ein »Dieb« oder »Räuber« würde einen billigeren Weg

wählen, nicht denjenigen durch die »Tür«. Denn die »Tür« dürfte jenes Sterben und Auferstehen bedeuten, welches Jesus im Zeichen bereits vorwegnahm, als er sich von Johannes in der Taufe – als »Lamm Gottes«, wie ihn Johannes damals ausdrücklich nannte (Joh 1,29) – im Wasser versenken und wieder hochheben ließ. Damals hatte Johannes »den Geist wie eine Taube vom Himmel herabkommen« und auf Jesus bleiben sehen (Joh 1,32), diesen Geist, den der am Kreuz Sterbende an seine Jünger »weitergab« (Joh 19,30).

In den folgenden Abschnitten des Evangeliums deutet sich Jesus zunächst als »die Tür zu den Schafen« (Joh 10,7–10): Er mit seiner ganzen Existenz schließe die Tür auf, »damit sie das Leben haben und es in Fülle haben«. Sodann (Joh 10,11–18 und noch einmal 26–29) stellt er sich noch einmal ausführlich als »der gute Hirt« vor, womit die gerade vorgelegte Auslegung noch weiter entfaltet und gesteigert wird. Jesus kündigt an, er werde sein Leben für die Schafe geben, und das werde er freiwillig tun: »Niemand entreißt es mir, sondern ich gebe es aus freiem Willen hin. Ich habe Macht, es hinzugeben, und ich habe Macht, es wieder zu nehmen. Diesen Auftrag habe ich von meinem Vater empfangen« (Joh 10,18). Viele sagten: »Er ist von einem Dämon besessen und redet im Wahn!« (Joh 10,20). »Und viele kamen dort zum Glauben an ihn« (Joh 10,42). Das »Gericht« (vgl. oben 13.) nimmt seinen Lauf.

Es sei noch darauf aufmerksam gemacht, dass in diesem Gleichnis in Joh 10,1–6 wiederum das wichtigste Medium das Wort ist, die »Stimme« nämlich, mit der man sich vertraut machen muss, damit man sie aus den Stimmen aller »Fremden« und »Diebe« und »Räuber« herauskennt.

Bei der geistlichen Schriftlesung geht es ganz wesentlich darum, immer besser den Klang dieser Stimme zu erfassen und unterscheiden zu lernen, was ihr nicht entspricht.

Lazarus – der Typus des Gläubigen, der nicht wirklich stirbt
Joh 11,3–16 (Der Tod des Lazarus)

Die Schwestern (des Lazarus) sandten Jesus die Nachricht: Herr, dein Freund ist krank. Als Jesus das hörte, sagte er: Diese Krankheit wird nicht zum Tod führen, sondern dient der Verherrlichung Gottes. Durch sie soll der Sohn Gottes verherrlicht werden. Denn Jesus liebte Marta, ihre Schwester und Lazarus. Als er hörte, dass Lazarus krank war, blieb er noch zwei Tage an dem Ort, wo er sich aufhielt. Danach sagte er zu den Jüngern: Lasst uns wieder nach Judäa gehen. Die Juden entgegneten ihm: Rabbi, eben noch wollten dich die Juden steinigen, und du gehst wieder dorthin? Jesus antwortete: Hat der Tag nicht zwölf Stunden? Wenn jemand am Tag umhergeht, stößt er nicht an, weil er das Licht dieser Welt sieht; wenn aber jemand in der Nacht umhergeht, stößt er an, weil das Licht nicht in ihm ist. So sprach er. Dann sagte er zu ihnen: Lazarus, unser Freund, schläft; aber ich gehe hin, um ihn aufzuwecken. Da sagten die Jünger zu ihm: Herr, wenn er schläft, dann wird er gesund werden. Jesus aber hatte von seinem Tod gesprochen, während sie meinten, er spreche von dem gewöhnlichen Schlaf. Darauf sagte ihnen Jesus unverhüllt: Lazarus ist gestorben. Und ich freue mich für euch, dass ich nicht dort war; denn ich will, dass ihr glaubt. Doch wir wollen zu ihm gehen. Da sagte Thomas, genannt Didymus (Zwilling), zu den anderen Jüngern: Dann lasst uns mit ihm gehen, um mit ihm zu sterben.

Diese Erzählung vom Sterben und Leben, die zum endgültigen Beschluss des Hohen Rates führen wird, Jesus zu töten (Joh 11,53), ist ein Musterbeispiel der Einübung in ein neues, paradoxes Sehen und Verhalten, oder, wie Jesus darin sagt, ein Geschichte, die dazu dienen soll, »dass ihr glaubt«. Der Evangelist setzt hier sehr kunstvoll und zugleich fast unverständlich hart eine ganze Reihe von Widersprüchen.

Über die Nachricht, dass ein Freund sterbenskrank sei, so erzählt er, freue sich Jesus, denn sie diene zur »Verherrlichung Gottes«, ja seiner selbst, des »Sohnes Gottes«. Er betont, Jesus liebe Lazarus und seine Schwestern besonders, um hierauf zu berichten, wie er sich deshalb besonders lange – zwei Tage – Zeit lässt, bis er sich auf den Weg zu ihnen begibt. Den Tod des Lazarus bezeichnet Jesus seinen Jüngern gegenüber als Schlaf, so dass sie meinen, es sei ein Heilschlaf. Und als er sich aufmacht, den Verstorbenen vom Tod aufzuerwecken, sagen seine Jünger untereinander: »Dann lasst uns mit ihm gehen, um mit ihm zu sterben.«

»Leben« im üblichen Verständnis ist von daher – tiefer gesehen – eher ein »Sterben« und »Totsein«, und die Bereitschaft, sich dem »Sterben« zu stellen, eher der Weg ins wirkliche »Leben«. Folglich kann Jesus den physischen Tod des Lazarus relativieren und als »Schlaf« bezeichnen. Wenn er hingeht, »um ihn aufzuwecken«, damit er noch etliche Jahre physisch weiterleben und später noch einmal sterben wird, dann wird das keine »Auferweckung« vom eigentlichen, schlimmsten Tod sein. Diesen war Lazarus nämlich gar nicht gestorben, weil er ja ein »Freund« Jesu gewesen war.

Lazarus wird damit als Typus des Gläubigen und Erwachten von der Art vorgestellt, für die der Evangelist in erster Linie schreibt. Im Gespräch mit Marta wird Jesus von ihm und allen Gläubigen sagen: »Wer an mich glaubt, wird (nämlich) leben, auch wenn er stirbt« (Joh 11,25). Wenn Jesus Lazarus aus dem Grab herausrufen wird, ist das ein Erweis seiner Souveränität, mit der er über dem Phänomen des physischen Sterbens steht, das im Vergleich mit dem seelischen (oder heute würde man sagen »spirituellen«) Totsein geradezu harmlos bleibt – eine provozierend neue Vorstellung von Leben!

Mitten in diesem Abschnitt steht das Rätselwort Jesu: »Hat der Tag nicht zwölf Stunden? Wenn jemand am Tag umhergeht, stößt er nicht an, weil er das Licht dieser Welt sieht; wenn aber jemand in der Nacht umhergeht, stößt er an, weil das Licht nicht in ihm ist.« Es dürfte von diesem neuen Verständnis des Todes her zu verstehen sein. Jesus erwidert damit den Einwand seiner Jünger, er könne sich doch nicht schon wieder der Gefahr aussetzen, von seinen Gegnern getötet zu werden. Er versichert ihnen, dass er noch »bei Tag« umhergehe, noch diesen ganzen »Tag« von »zwölf Stunden« lang, der ihm in der Welt zugemessen ist. Während dieses »Tages« könne ihn der Tod nicht zu Fall bringen, weil er (noch) das »Licht dieser Welt« sehe. Den Zeitpunkt, ab dem auch er »in der Nacht« wird umhergehen müssen, in der das »Licht nicht in ihm ist«, wird der Evangelist genau markieren (siehe Joh 13,30). Dann wird er den abgrundtiefen Tod auf sich nehmen müssen, um ihn von innen her zu sprengen.

Marta – der Typus der gläubigen Angehörigen
Joh 11,21-27 (Der Tod des Lazarus)

Marta sagte zu Jesus: Herr, wärst du hier gewesen, dann wäre mein Bruder nicht gestorben. Aber auch jetzt weiß ich: Alles, worum du Gott bittest, wird Gott dir geben. Jesus sagte zu ihr: Dein Bruder wird auferstehen. Marta sagte zu ihm: Ich weiß, dass er auferstehen wird bei der Auferstehung am Letzten Tag. Jesus erwiderte ihr: Ich bin die Auferstehung und das Leben. Wer an mich glaubt, wird leben, auch wenn er stirbt, und jeder, der lebt und an mich glaubt, wird auf ewig nicht sterben. Glaubst du das? Marta antwortete ihm: Ja, Herr, ich glaube, dass du der Messias bist, der Sohn Gottes, der in die Welt kommen soll.

Im vorigen Abschnitt war Lazarus als der Typus des Gläubigen vorgestellt worden, der im dargelegten tieferen Sinn von »Sterben« nicht endgültig sterben kann. Mit dem Wunder seiner Auferweckung vom physischen Tod wird Jesus nur zeigen, dass Lazarus – obwohl klinisch eindeutig tot (»er riecht aber schon«, Joh 11,39) – tatsächlich nicht »tot« ist.

Hier nun wird Marta als Typus der Angehörigen, die gläubige Christen sind, vorgestellt. Der Evangelist hat das Gespräch mit ihr, in dem das nachfolgende Wunder (oder richtiger: »Zeichen«) gedeutet wird, diesem vorangestellt. Indem sie ihren Glauben bereits vor der Auferweckung ihres Bruders bekennt, ist er desto eindrucksvoller. War die Frau am Jakobsbrunnen noch unschlüssig, ob sie Jesus glauben solle, so ist diese Frau, Marta, in ihrem Glauben entschieden. Zunächst spricht sie von ihrem Glauben an die »Auferstehung am Letzten Tag«, an die damals viele Juden glaubten; und dann bekennt sie in einem zweiten Schritt den spezifisch christlichen Glauben, dass in Jesus »die Auferstehung und das Leben« bereits angebrochen und gegenwärtig seien. Hier hat der Evangelist bereits ein Bekenntnis eingefügt, wie es erst nach Ostern, nach der Auferstehung Jesu, gesprochen werden konnte. Damit bereitet er die Leser darauf vor, wohin seine Erzählung jetzt rasch steuert: auf das Sterben Jesu.

In der Frage Jesu an Marta spielt er noch einmal mit den beiden unterschiedlichen Verständnisweisen von »Leben« und »Sterben«, wenn er Jesus sagen lässt: »Wer an mich glaubt, wird (als Glaubender) leben, auch wenn er (physisch) stirbt, und jeder, der (physisch) lebt und an mich glaubt, wird auf ewig (als Glaubender) nicht sterben.«

Die Frage Jesu an Marta ist eine ganz persönliche Frage an die Leserin und den Leser: »Glaubst du das?«

Die Weissagung über die Auswirkung des Todes Jesu
Joh 11,41–53
(Auferweckung des Lazarus und Tötungsbeschluss des Hohen Rates)

Da nahmen sie den Stein weg. Jesus aber erhob seine Augen und sprach: Vater, ich danke dir, dass du mich erhört hast. Ich wusste, dass du mich immer erhörst; aber es wegen der Menge, die um mich herum steht, habe ich es gesagt; denn sie sollen glauben, dass du mich gesandt hast. Nachdem er dies gesagt hatte, rief er mit lauter Stimme: Lazarus, komm heraus! Da kam der Verstorbene heraus; seine Füße und Hände waren mit Binden umwickelt, und sein Gesicht war mit einem Schweißtuch verhüllt. Jesus sagte zu ihnen: Löst ihm die Binden und lasst ihn weggehen!

Viele der Juden, die zu Maria gekommen waren und gesehen hatten, was Jesus getan hatte, kamen zum Glauben an ihn. Aber einige von ihnen gingen zu den Pharisäern und berichteten ihnen, was er getan hatte. Da beriefen die Hohenpriester und die Pharisäer eine Versammlung des Hohen Rates ein. Sie sagten: Was sollen wir tun? Dieser Mensch tut viele Zeichen. Wenn wir ihn gewähren lassen, werden alle an ihn glauben. Dann werden die Römer kommen und uns die heilige Stätte und das Volk nehmen. Einer von ihnen, Kajaphas, der Hohepriester jenes Jahres, sagte zu ihnen: Ihr bedenkt nicht, dass es besser für euch ist, wenn ein einziger Mensch für das Volk stirbt, als wenn das ganze Volk zugrunde geht. Das sagte er nicht aus sich selbst; sondern weil er der Hohepriester jenes Jahres war, sagte er aus prophetischer Eingebung, dass Jesus für das Volk sterben werde.

Aber er sollte nicht nur für das Volk sterben, sondern auch, um die versprengten Kinder Gottes wieder zu sammeln. Von diesem Tag an waren sie entschlossen, ihn zu töten.

Eigenartig ist, wie nüchtern der Evangelist die Auferweckung des Lazarus beschreibt. Man muss den Auferweckten umständlich auswickeln und ihm gehen helfen. Es wird kein Jubel, nicht einmal ein Staunen erwähnt, sondern nur die Folge, nämlich wiederum das »Gericht«, das die Geister schied: dass etliche zum Glauben gekommen seien und etliche die Geschichte bei den Pharisäern denunziert hätten. Vermutlich hat Johannes diese »Auferweckung«, die nur eine Rückholung ins sterbliche Leben war, bewusst niedrig gehängt. Den Auferweckten und seine ersten Regungen beschreibt er überhaupt nicht, dafür ausführlich die Requisiten des Toten: Binden und Schweißtuch. Nach der unbeschreiblichen Auferweckung Jesu wird er diese Binden und das Schweißtuch als einzige Überreste in dessen Grab ebenso ausführlich beschreiben (Joh 20,6–7) – eine augenfällige Verknüpfung der beiden gleichen und doch ganz ungleichen Szenen.

Das zentrale Thema in diesem Text ist das Phänomen, das für die Vertreter der etablierten Religion zum brennenden Problem wird: dass immer mehr Menschen »zum Glauben an ihn« kamen. Sie sehen ihre Existenz bedroht: »Dann werden die Römer kommen und uns die heilige Stätte und das Volk nehmen.« Aus diesem Grund beschließen sie endgültig, ihn zu töten. Der Evangelist stellt die Befürchtung der Hohenpriester und Pharisäer auf den Kopf und berichtet, der Hohepriester Kajaphas habe, ohne es zu merken, geweissagt, mit seinem Tod werde Jesus im Gegenteil bewirken, dass nicht »das ganze Volk zugrunde geht«, ja mehr noch, dass alle »versprengten Kinder Gottes wieder gesammelt« würden. Damit sind die Juden und die Menschen aus allen anderen Völkern gemeint, die an Jesus glauben werden, und folglich auch bis heute alle die Leser des Evangeliums, in denen dieser Glaube erwacht ist oder geweckt wird.

Hier liefert der Evangelist also bereits vor dem Bericht über den Tod Jesu eine erste positive Deutung dieses Todes: Was zunächst als reines Verhängnis, Scheitern und endgültiger Tod aussieht, kann sich nach einiger Zeit als Durchbruch in eine größere Fruchtbarkeit herausstellen. Am Schicksal Jesu konnten die Christen das bereits rund siebzig Jahre nach seinem Tod deutlich ablesen, zur Zeit, als der Evangelist das schrieb – und erst recht heute können sie es, nach fast zweitausend Jahren.

Maria – der Typus der verschwenderisch verehrenden Gläubigen
Joh 12,1–8 (Die Salbung in Betanien)

Sechs Tage vor dem Paschafest kam Jesus nach Betanien, wo Lazarus war, den er von den Toten auferweckt hatte. Dort bereiteten sie ihm ein Mahl; Marta bediente, und Lazarus war unter denen, die mit Jesus bei Tisch waren. Da nahm Maria ein Pfund echtes, kostbares Nardenöl, salbte Jesus die Füße und trocknete sie mit ihrem Haar. Das Haus wurde vom Duft des Öls erfüllt. Doch einer von seinen Jüngern, Judas Iskariot, der ihn später verriet, sagte: Warum hat man dieses Öl nicht für dreihundert Denare verkauft und den Erlös den Armen gegeben? Das sagte er aber nicht, weil er ein Herz für die Armen gehabt hätte, sondern weil er ein Dieb war; er hatte nämlich die Kasse und veruntreute die Einkünfte. Jesus erwiderte: Lass sie, damit sie es für den Tag meines Begräbnisses tue. Die Armen habt ihr immer bei euch, mich aber habt ihr nicht immer bei euch.

In dieser Geschichte wird auch noch die dritte der Geschwister von Betanien als Typus der Gläubigen vorgestellt: nach Marta und Lazarus Maria. Sie ist die verschwenderisch Verehrende. In der christlichen Tradition verstanden sich die kontemplativen Nonnen und Mönche, die täglich bis zu sieben, acht Stunden mit Anbetung, Gottesdienst und Meditation »vergeudeten«, in der Rolle Marias, aus der Überzeugung, dass bei der Verehrung Jesu jedes Maß gesprengt werden könne.

Zu dieser Übertreibung werden heute nur noch wenige neigen. Eher stellt sich meistens die Frage: Gibt es in meiner

Beziehung zu Gott überhaupt ein – wenigstens bescheidenes – Maß an »Vergeudung«, wenigstens von Zeit, die zumindest meiner Zeitvergeudung für weniger Wichtiges die Waage hält? Das könnte den »Duft des Öls« in eine vielleicht ansonsten recht nüchterne Glaubenspraxis bringen.

Hier wird die fast letzte Gelegenheit, Jesus gegenwärtig zu haben, zur Ausnahmesituation erklärt, in der eine gewaltige Verschwendung gerechtfertigt sei.

Der Preis eines Pfundes echten Nardenöls betrug damals rund zehn Monatsverdienste. Beim Begräbnis Jesu wird Nikodemus diese Verehrung mit »etwa hundert Pfund« Myrrhe und Aloe noch gewaltig überbieten (Joh 19,39).

Jesus deutet die Geste Marias ausdrücklich als Vorwegnahme seiner Einsalbung bei seinem Begräbnis. Ganz wörtlich übersetzt heißt seine Frage: »Soll sie das auf den Tag meines Begräbnisses aufbewahren?« (Fridolin Stier). So kommt Maria hier prophetisch Nikodemus zuvor.

Solche Verschwendung ist ärgerlich, selbst oder gerade in einer Welt (wie es sie immer gab und gibt), in der sich eine Oberschicht einen geradezu obszönen persönlichen Luxus gönnt und dafür auch noch bewundert wird. Der Evangelist lässt hier als Wortführer der Kritiker Judas auftreten, den er durch und durch negativ als Typus des »Verräters« zeichnet und hier zusätzlich noch anschwärzt, dass er das Geld in der Kasse veruntreue. Die Mitglieder einer Gemeinschaft hängen Abtrünnigen nicht selten solche Charakterzüge an.

Jesus entgegnet: »Lasst sie ... Die Armen habt ihr immer bei euch, mich aber habt ihr nicht immer bei euch.« Das ist keine Prophetie, dass die Armut nie abschaffbar sei (was vielen Reichen sehr gelegen käme), sondern eher die Aufforderung, sich anschließend wieder »immer« ihnen zuzuwenden. Mit dieser »Totensalbung« rückt das Thema »Tod« Jesus buchstäblich auf den Leib.

Die »Verherrlichung« auf dem Weg zur wahren Verherrlichung
Joh 12,12–19 (Der Einzug in Jerusalem)

Am Tag darauf hörte die Volksmenge, die sich zum Fest eingefunden hatte, Jesus komme nach Jerusalem. Da nahmen sie Palmzweige, zogen hinaus, um ihn zu empfangen, und riefen: Hosanna! Gesegnet sei er, der kommt im Namen des Herrn, der König Israels!
Jesus fand einen jungen Esel und setzte sich darauf – wie es in der Schrift heißt: Fürchte dich nicht, Tochter Zion! Siehe, dein König kommt; er sitzt auf dem Fohlen einer Eselin. Das alles verstanden seine Jünger zunächst nicht, als Jesus aber verherrlicht war, da wurde ihnen bewusst, dass es so über ihn in der Schrift stand und dass man so an ihm gehandelt hatte. Die Leute, die bei Jesus gewesen waren, als er Lazarus aus dem Grab rief und von den Toten auferweckte, legten Zeugnis für ihn ab. Eben deshalb war die Menge ihm entgegengezogen: weil sie gehört hatte, er habe dieses Zeichen getan. Die Pharisäer aber sagten zueinander: Ihr seht, dass ihr nichts ausrichtet; alle Welt läuft ihm nach.

Die Auferweckung des Lazarus hatte offensichtlich recht nachhaltig auf die verschiedensten Kreise Eindruck gemacht. Sie hatte entweder definitive Ablehnung oder große Begeisterung ausgelöst. Allerdings ist diese Begeisterung wieder von der Art wie diejenige nach der Brotvermehrung. Damals waren die Menschen von der Fähigkeit Jesu fasziniert, Nahrung für alle beschaffen zu können; jetzt fasziniert sie seine Fähigkeit, Tote wieder ins Leben zurückzuholen. Damals hatten sie ihn zum König machen wollen, weshalb er sich vor ihnen auf den Berg zurückgezogen hatte; jetzt lässt er es zu, dass sie ihn als König feiern, der in Jerusalem einzieht.

Das zeigt, dass die Situation inzwischen anders ist. Als er die Brote vermehrt hatte, war sie noch offen gewesen; jetzt ist sie eindeutig: Die Würfel sind gefallen, sein Tod ist beschlossen. Er ist bereit, ihn auf sich zu nehmen. So lässt er sich als König feiern. Sich von der Menge vordergründig verherrlichen zu lassen, ist jetzt der kürzeste Weg zu seiner Erniedrigung bis zum Tod, die zu seiner Verherrlichung in einem viel tieferen Sinn führen wird.

Er »fand einen jungen Esel und setzte sich darauf«, parodierte also einen königlichen Einritt hoch zu Ross. Das ist, wie wenn heute ein Staatsmann statt in der Daimler-Karosse auf einem Moped vorfahren würde. Was bei seinem Einzug gefeiert wird, entspricht der Wahrheit – aber es ist auf ganz andere Weise wahr, als die Beteiligten das verstehen. Der »König« zeigt mit dieser Geste, dass er die bisherigen Werte und Rangordnungen auf den Kopf stellt. Das verstanden seine Jünger zuerst nicht. »Als Jesus aber verherrlicht war, da wurde ihnen bewusst, dass es so über ihn in der Schrift stand.« Petrus wird es auch noch nicht verstehen, wenn ihm Jesus beim Abschiedsmahl die Füße waschen wird (Joh 13,7).

Den »königlichen« Zug an Jesus zeigt der Evangelist ab jetzt in der souveränen Art, mit der Jesus gewillt ist, den Tod auf sich zu nehmen. Jesus ist zur Überzeugung gekommen, dass nur durch diesen Tod der Durchbruch möglich wird, dessen es bedarf, damit den Menschen der neue Horizont dämmert, den er ihnen aufreißen will. Daher wird er nicht – wie bei Markus und Matthäus – mit dem Schrei zu Gott sterben, warum er ihn verlassen habe, sondern mit der Feststellung: »Es ist vollbracht!« (Joh 19,30).

Statt Weisheitserkenntnis Hingabe bis zum Tod
Joh 12,20–33
(Die letzte öffentliche Rede Jesu)

Auch einige Griechen waren anwesend – sie gehörten zu den Pilgern, die beim Fest Gott anbeten wollten. Sie traten an Philippus heran, der aus Betsaida in Galiläa stammte, und sagten zu ihm: Herr, wir möchten Jesus sehen. Philippus ging und sagte es Andreas; Andreas und Philippus gingen und sagten es Jesus. Jesus aber antwortete ihnen: Die Stunde ist gekommen, dass der Menschensohn verherrlicht wird. Amen, amen, ich sage euch: Wenn das Weizenkorn nicht in die Erde fällt und stirbt, bleibt es allein; wenn es aber stirbt, bringt es reiche Frucht. Wer an seinem Leben hängt, verliert es, wer aber sein Leben in dieser Welt gering achtet, wird es bewahren bis ins ewige Leben. Wenn einer mir dienen will, folge er mir nach; und wo ich bin, dort wird auch mein Diener sein. Wenn einer mir dient, wird der Vater ihn ehren.

Jetzt ist meine Seele erschüttert. Was soll ich sagen: Vater, rette mich aus dieser Stunde? Aber deshalb bin ich in diese Stunde gekommen. Vater, verherrliche deinen Namen! Da kam eine Stimme vom Himmel: Ich habe ihn schon verherrlicht und werde ihn wieder verherrlichen. Die Menge, die dabeistand und das hörte, sagte: Es hat gedonnert. Andere sagten: Ein Engel hat zu ihm geredet. Jesus antwortete und sagte: Nicht mir galt diese Stimme, sondern euch. Jetzt wird Gericht gehalten über diese Welt; jetzt wird der Herrscher dieser Welt hinausgeworfen werden. Und ich, wenn ich über die Erde erhöht bin, werde alle zu mir ziehen. Das sagte er, um anzudeuten, auf welche Weise er sterben werde.

Der Anfang dieses Abschnitts erinnert an die Erzählung, wie die ersten Jünger über Andreas, Philippus und andere den Zugang zu Jesus fanden (Joh 1,35–45). Dieses Mal wollen »Griechen« Jesus kennen lernen. Das kann eine Andeutung sein, dass die Kunde von Jesus bereits weitere Kreise gezogen hatte. Aber bei Johannes, der gern Typen für bestimmte Haltungen auftreten lässt, werden sie eher den griechischen »Typus« darstellen, von dem Paulus schrieb: »die Griechen suchen Weisheit« (vgl. 1 Kor 1,22), und zwar aus intellektuellem Interesse und existenzieller Distanz. Sie »möchten (sich) Jesus (an-)sehen«. Die Aufmerksamkeit der ersten Jünger hatte sich darauf gerichtet, zu sehen, »wo er wohnte«. Sie waren eingeladen worden, bei ihm zu »bleiben«.

An den »Griechen« scheint Jesus kein Interesse zu haben. Er lädt sie nicht ein, bei ihm zu bleiben, sondern konfrontiert sie schroff mit seiner Aussage, er müsse in der Weise »verherrlicht« werden, dass er wie ein Weizenkorn in die Erde falle und sterbe. Dieser Abschnitt – die letzte »öffentliche« Rede Jesu – ist besonders aktuell in einer Zeit, in der »Religion«, »Spiritualität« und »Erfahrung« billig angeboten werden, um das Leben anzureichern oder besser bewältigen zu können. Jesu Aussage ist von schockierender Radikalität: »Wer an seinem Leben hängt, verliert es, wer aber sein Leben in dieser Welt gering achtet, wird es bewahren bis ins ewige Leben.« Und: »Wenn einer mir dienen will, folge er mir nach; und wo ich bin, dort wird auch mein Diener sein.« Hier geht es nicht um (vorwiegend positive) mentale, spirituelle Erfahrungen, sondern um die existenzielle Erfahrung, mit Jesus in den Prozess des Sterbens einzutreten, um reiche Frucht bringen zu können. Der Spruch ist radikaler, als wenn Jesus anders herum gesagt hätte: »Wer mir nachfolgen will, diene mir, den Menschen usw.« Hier konzentriert er alles auf seine Person: »Wenn einer mir dient, wird der Vater ihn ehren.« Worin besteht dieser »Dienst«? Dorthin mitzugehen, wo Jesus hingeht. Jesus aber geht in den Tod, weil er nur so Frucht bringen kann.

Dieser Anspruch »erschüttert« seine Seele. Der Seele seines Jüngers wird es nicht besser ergehen. Er muss sich in der Nachfolge Jesu auf tödliche Krisen gefasst machen.

Hier wird das unerklärlichste aller Rätsel angesprochen: Warum ist so unendlich viel Blindheit und Leid in der Welt? Und warum kann man zum wahren Leben nur durch den Tod hindurch vorstoßen? Es wird nicht erklärt. Wir erfahren von Jesus nur: »Jetzt wird Gericht gehalten über diese Welt; jetzt wird der Herrscher dieser Welt hinausgeworfen werden. Und ich, wenn ich über die Erde erhöht bin, werde alle zu mir ziehen.« Mit seinem inneren Ja hat das Gericht eingesetzt.

Mein Weg ist euer Weg; euer Weg ist mein Weg
Joh 14,1–10 (Das Gespräch über den Weg zum Vater)

Euer Herz lasse sich nicht verwirren. Glaubt an Gott und glaubt an mich! Im Haus meines Vaters gibt es viele Wohnungen. Wenn es nicht so wäre, hätte ich euch dann gesagt: Ich gehe, um einen für euch vorzubereiten? Wenn ich gegangen bin und einen Platz für euch vorbereitet habe, komme ich wieder und werde euch zu mir holen, damit auch ihr dort seid, wo ich bin. Und wohin ich gehe – den Weg dorthin kennt ihr. Thomas sagte zu ihm: Herr, wir wissen nicht, wohin du gehst. Wie sollen wir dann den Weg kennen? Jesus sagte zu ihm: Ich bin der Weg und die Wahrheit und das Leben; niemand kommt zum Vater außer durch mich. Wenn ihr mich erkannt habt, werdet ihr auch meinen Vater erkennen. Schon jetzt kennt ihr ihn und habt ihn gesehen. Philippus sagte zu ihm: Herr, zeig uns den Vater; das genügt uns. Jesus antwortete ihm: Schon so lange bin ich bei euch, und du hast mich nicht erkannt, Philippus? Wer mich gesehen hat, hat den Vater gesehen. Wie kannst du sagen: Zeig uns den Vater? Glaubst du nicht, dass ich im Vater bin und dass der Vater in mir ist?

Der Weg und die Botschaft Jesu werden hier als »verwirrend« oder erschreckend vorgestellt, weil es dabei im Kern um die letzten, unerklärlichsten Fragen des Lebens geht, die Fragen um Leben und Tod. In seinen Abschiedsreden macht Jesus deshalb seinen Jüngern Mut, ohne etwas von seinem Anspruch zurückzunehmen. Er stellt ihnen die Vision vom »Heimkommen« vor Augen. Dabei ist zu beachten, dass er den Unterschied zwischen Gegenwart und Zukunft aufhebt. Es ist also nicht so, dass seine Jünger vorerst nur Sterben und Sinnlosigkeit erfahren müssten, um *später* mit Leben und Sinn belohnt zu werden. Wer sich mit ihm auf den Weg macht, *ist schon* angekommen. Darin besteht ganz wesentlich das Sehen, zu dem Jesus anleiten will. Mehrere Formulierungen zeigen dieses Ineinander von Gegenwart und Zukunft an: »Ich werde euch zu mir holen, damit auch ihr dort seid, wo ich bin« (V. 3) und: »Schon so lange bin ich bei euch« (V. 9); oder: »Wenn ihr mich erkannt habt, werdet ihr auch meinen Vater erkennen. Schon jetzt kennt ihr ihn und habt ihn gesehen« (V. 7).

Wenn Jesus sagt: »Ich bin der Weg und die Wahrheit und das Leben«, dann ließe sich das als Trost für die angefochtenen, ringenden Jünger – damals wie heute – so umschreiben: »Den Weg dorthin kennt ihr doch. Es ist euer konkreter Weg. Auf ihm seid ihr auf meinem Weg. Damit seid ihr in der Wahrheit und im Leben.« Die »Wahrheit« ist hier nicht als theoretische Wahrheit zu verstehen, sondern als die Wirklichkeit, die oft scheinbar nicht trägt und letztlich doch als Einzige trägt und weiterbringt, in neue Dimensionen von »Leben«. »Und auf diesem Weg, in dieser Wahrheit, bei diesem Leben seid ihr in mir. Das allein zählt, das allein trägt in alle Ewigkeit.« Das ließe sich als Kurzfassung der »Seligpreisungen« der Bergpredigt bei Matthäus (5,3–12) verstehen, denn deren Aussage ist die gleiche: Darin werden die Eigenschaften Jesu genannt und es werden diejenigen beglückwünscht, die sie haben.

Jesus im Vater, die Gläubigen in Jesus, Jesus in den Gläubigen
Joh 14,15–21 (Trostworte an die Jünger)

Wenn ihr mich liebt, werdet ihr meine Gebote halten. Und ich werde den Vater bitten, und er wird euch einen anderen Beistand geben, der für immer bei euch bleiben soll. Es ist der Geist der Wahrheit, den die Welt nicht empfangen kann, weil sie ihn nicht sieht und nicht kennt. Ihr aber kennt ihn, weil er bei euch bleibt und in euch sein wird. Ich werde euch nicht als Waisen zurücklassen, sondern ich komme wieder zu euch. Nur noch kurze Zeit und die Welt sieht mich nicht mehr; ihr aber seht mich, weil ich lebe und weil auch ihr leben werdet. An jenem Tag werdet ihr erkennen: Ich bin in meinem Vater, ihr seid in mir und ich bin in euch. Wer meine Gebote hat und sie hält, der ist es, der mich liebt; wer mich aber liebt, wird von meinem Vater geliebt werden und auch ich werde ihn lieben und mich ihm offenbaren.

Im Johannesevangelium sind keine Gebote und moralischen Anweisungen Jesu überliefert, während sich solche in den anderen Evangelien finden, namentlich in der Bergpredigt bei Matthäus. Hier wird nur ein Gebot genannt: zu lieben. »Wenn ihr mich liebt, werdet ihr (es ließe sich ergänzen: ohnehin) meine Gebote halten.« Augustinus formulierte später ähnlich: »Liebe – und dann tu, was du willst.« Je nach Definition von »Liebe« ließe sich damit natürlich fast alles rechtfertigen; darum wird sie hier als *Liebe zu Jesus* qualifiziert. Wer ihn liebt, »kann« nicht anders handeln als er.

Wer nicht in dieser Liebes-Beziehung zu Jesus steht und aus ihr heraus handelt, wird hier als »Welt« bezeichnet. Das klingt sehr exklusiv. Die Exklusivität wird aufgebrochen durch die umgekehrte Formulierung: »Wer meine Gebote hat und sie hält, der ist es, der mich liebt.« Menschen, die *in der Praxis* dem Weg, der Wahrheit und dem Leben Jesu entsprechen, sind als solche anzusehen, die Jesus »lieben«, selbst wenn sie ihn nicht ausdrücklich kennen; vielleicht, weil er ihnen von mangelhaften Zeugen falsch vorgestellt oder verdeckt wird.

»Liebe«, die der »Geist der Wahrheit« vermittelt und schürt, wird also hier ganz an die Praxis geknüpft. An einer späteren Stelle wird Jesus sagen: »Es gibt keine größere Liebe, als wenn einer sein Leben für seine Freunde hingibt … Ich habe euch erwählt und dazu bestimmt, dass ihr euch aufmacht und Frucht bringt und dass eure Frucht bleibt« (Joh 15,13.16). Das ist das spezifische Merkmal der Spiritualität, ja Mystik der Jünger Jesu, deren Dimensionen sich hier auftun. Sie nährt sich von der Erkenntnis dessen, was schon Wirklichkeit ist: »Ich bin in meinem Vater, ihr seid in mir und ich bin in euch.« Hier lässt sich nicht weiterschreiben. Diese Wahrheit muss man in anderen Tiefen wahr-nehmen. »Wenn DAS WORT in dir wächst, verstummen die Wörter«, schrieb Augustinus.

Der Christ und die Welt
Joh 15,18–27 (Der Hass der Welt gegen die Jünger)

Wenn die Welt euch hasst, dann wisst, dass sie mich schon vor euch gehasst hat. Wenn ihr von der Welt stammen würdet, würde die Welt euch als ihr Eigentum lieben. Aber weil ihr nicht von der Welt stammt, sondern weil ich euch aus der Welt erwählt habe, darum hasst euch die Welt. Denkt an das Wort, das ich euch gesagt habe: Der Sklave ist nicht größer als sein Herr. Wenn sie mich verfolgt haben, werden sie auch euch verfolgen; wenn sie an meinem Wort festgehalten haben, werden sie auch an eurem Wort festhalten. Das alles werden sie euch um meines Namens willen antun; denn sie kennen den nicht, der mich gesandt hat. Wenn ich nicht gekommen wäre und nicht zu ihnen gesprochen hätte, wären sie ohne Sünde; jetzt aber haben sie keine Entschuldigung für ihre Sünde. Wer mich hasst, hasst auch meinen Vater. Wenn ich bei ihnen nicht die Werke vollbracht hätte, die kein anderer vollbracht hat, wären sie ohne Sünde. Jetzt aber haben sie (die Werke) gesehen, und doch hassen sie mich und meinen Vater. Aber das Wort sollte sich erfüllen, das in ihrem Gesetz steht: Ohne Grund haben sie mich gehasst. Wenn aber der Beistand kommt, den ich euch vom Vater aus senden werde, der Geist der Wahrheit, der vom Vater ausgeht, dann wird er Zeugnis für mich ablegen. Und auch ihr sollt Zeugnis ablegen, weil ihr von Anfang an bei mir seid.

Die Antithese zur Liebe ist der Hass. Von der inneren mystischen Erfahrung, in der Liebe geborgen zu sein, holt der Evangelist seine ersten Leser, für die er um die erste Jahrhundertwende schrieb, jäh zur Erfahrung ihrer äußeren Realität zurück. Einige Verse weiter wird er Jesus ankündigen lassen, was sie in den 80er Jahren in aller Form erlebt hatten: »Sie werden euch aus der Synagoge ausstoßen, ja es kommt die Stunde, in der jeder, der euch tötet, meint, Gott einen heiligen Dienst zu leisten« (Joh 16,2). Diese lebensgefährlichen Gegner der Christen bezeichnet Jesus als »die Welt«. In einem weiteren Sinn gehören zur »Welt« bis in unsere Tage alle die Kräfte, die Jesus und seine Jünger aggressiv ablehnen oder sich seinem Geist versperren und ihm entgegenarbeiten.

Bemerkenswert ist, dass er damit kein starres Freund-Feind-Schema aufstellt und keine Aufforderung vom Kampf der Guten gegen die Bösen in die Welt setzt. Schließlich war Jesus bereits zu Beginn des Evangeliums als »das Lamm Gottes, das die Sünde der Welt hinwegnimmt« bezeichnet worden (Joh 1,29) und es war darin verkündet worden: »Gott hat die Welt so sehr geliebt, dass er seinen einzigen Sohn hingab … Denn Gott hat seinen Sohn nicht in die Welt gesandt, damit er die Welt richtet, sondern damit die Welt durch ihn gerettet wird« (Joh 3,16–17).

Das Thema, das Jesus mehr interessiert als die Konfrontation, ist die im vorigen Abschnitt angesprochene Verbindung, nämlich diejenige seiner Jünger mit ihm: »Denkt an das Wort, das ich euch gesagt habe: Der Sklave ist nicht größer als sein Herr. Wenn sie mich verfolgt haben, werden sie auch euch verfolgen; wenn sie an meinem Wort festgehalten haben, werden sie auch an eurem Wort festhalten.« Den Umstand, dass die Welt sie hasse, sollten sie als geradezu ermutigendes Indiz dafür nehmen, dass sie zu ihm gehörten; denn »wenn ihr von der Welt stammen würdet, würde die Welt euch als ihr Eigentum lieben.«

Jemand, der sich konsequent an Jesus zu orientieren versucht, braucht sich folglich nicht zu wundern, dass er bzw. sie in einer Welt, die andere Ziele verfolgt, ein Stück weit zum Außenseiter wird. Es stünde eher nicht gut um einen Christen, wenn er gar nicht etwas sperrig »anders« würde. Dabei gilt es sich aber davor zu hüten, sich in diesen Zustand selbstmitleidig, elitär überheblich oder sektiererisch verbohrt zu verlieben. Denn auch im Christen bleibt immer noch ein gutes Stück »Welt«, das sich raffiniert verkleiden kann. Was ihn davor am besten bewahrt, ist, den Blick gar nicht auf sich und seinen Zustand zu lenken, sondern auf Jesus.

»Die anderen« braucht er nicht zu richten. Es ist besser, er sagt sein Wort, wo es angebracht ist, geht dann getrost seinen Weg und überlässt es ihnen selbst, sich zu richten.

Wer es nötig hat, gefragt zu werden
Joh 16,25b–33 (Bedrängnis und Friede)

Es kommt die Stunde, in der ich nicht mehr in verhüllter Rede zu euch spreche, sondern euch offen den Vater verkünden werde. An jenem Tag werdet ihr in meinem Namen bitten, und ich sage nicht, dass ich den Vater für euch bitten werde; denn der Vater selbst liebt euch, weil ihr mich geliebt und weil ihr geglaubt habt, dass ich von Gott ausgegangen bin. Vom Vater bin ich ausgegangen und in die Welt gekommen; ich verlasse die Welt wieder und gehe zum Vater.

Da sagten seine Jünger: Jetzt redest du offen und sprichst nicht mehr in Gleichnissen. Jetzt wissen wir, dass du alles weißt und von niemand gefragt zu werden brauchst. Darum glauben wir, dass du von Gott gekommen bist. Jesus erwiderte ihnen: Glaubt ihr jetzt? Die Stunde kommt, und sie ist schon da, in der ihr versprengt werdet, jeder in sein Haus, und mich werdet ihr allein lassen. Aber ich bin nicht allein, denn der Vater ist bei mir. Dies habe ich zu euch gesagt, damit ihr in mir Frieden habt. In der Welt seid ihr in Bedrängnis. Aber habt Mut: Ich habe die Welt besiegt.

Die »Stunde«, von der hier die Rede ist, ist der Zustand, der mit dem Tod und der Auferstehung Jesu eintritt. Für die Jünger Jesu wird er ganz praktisch bedeuten, dass sie »versprengt werden, jeder in sein Haus« und Jesus allein lassen. Trotzdem ist er nicht allein, weil der Vater bei ihm ist. Die Jünger werden umgekehrt das Gefühl haben, dass auch er sie alleingelassen habe. Aber auch sie sind nicht allein, sofern sie erkennen, dass sie »in ihm« sind und darin Frieden haben können: Sie teilen sein Schicksal, gerade im extremsten Alleinsein »zum Vater zu gehen«, bei dem die »vielen Wohnungen« für sie bereitet sind (Joh 14,2). Das ist nicht nur ein Bild, sondern die tiefere Wirklichkeit und Wahrheit, zu der es durchzubrechen und die es wahrzunehmen gilt. Das Verlassensein und -werden wird zum Heimkommen: »Ich verlasse die Welt wieder und gehe zum Vater.«

Jesus war vom Vater »herausgegangen« (wie es wörtlich übersetzt heißt) und in die Welt gekommen; jetzt geht er wieder zum Vater. Dadurch wird er sozusagen wieder mit dem Vater »deckungsgleich«, womit das Anstoß erregende Bild behoben ist, dass er eine Art »zweiter« Gott gewesen wäre. Gleichzeitig werden die Jünger für den Vater sozusagen deckungsgleich mit Jesus. Darum, so sagt Jesus, werde überflüssig, dass er bei den Bitten der Jünger in seinem Namen als Vermittler beim Vater tätig sein werde. Das ist die praktische Anwendung der Aussage Jesu: »Ich bin in meinem Vater, ihr seid in mir und ich bin in euch« (Joh 14,20).

Die Situation, in die hinein diese Worte gesprochen sind, ist diejenige der Jünger Jesu nach Ostern. Auch ihr Bekenntnis ist eines aus dieser Zeit: »Jetzt wissen wir, dass du alles weißt und von niemand gefragt zu werden brauchst.« Es ist eigenartig formuliert und lohnt, genauer bedacht zu werden.

Wer alles weiß, hat es logischerweise nicht nötig, jemanden zu fragen. Aber hier steht: Er hat es nicht nötig, dass ihn jemand fragt. Ein Weiser, der es nötig hätte, dass ihn jemand fragt, wäre ein eitler Weiser; er möchte zeigen, was er weiß. Es gibt allerdings auch demütige Weise, die wissen, dass sie nicht alles wissen, und deshalb immer wieder die Fragen anderer, das Gespräch brauchen, damit ihnen neue Lichter aufgehen. Aber Jesus, das göttliche Wort, in dem »alle Schätze der Weisheit und Erkenntnis verborgen« sind, wie Paulus schrieb (Kol 2,3), kehrt heim zu Vater und hat das nicht nötig.

Im Nachtrag des Evangeliums wird Jesus Petrus, den Repräsentanten der Jünger, fragen, ob er ihn liebe. Diese dreimalige Frage wird dem Petrus zu seinem Liebesbekenntnis verhelfen. Er hatte sie nötig gehabt. Seine Antwort lautete: »Herr, du weißt alles; du weißt, dass ich dich liebhabe!« (Joh 21,15-27). Wir Menschen haben solche Fragen nötig. Das Bekenntnis müssen wir um unserer selbst willen immer wieder einmal sprechen. Dann kann es ins Schweigen münden, in die vom Wort geprägte wortlose Wirklichkeit, dass wir in ihm sind und er in uns ist.

Des wahren Königs souveräner Gang in den Tod
Joh 18,1–9 (Die Verhaftung Jesu)

Nach diesen Worten ging Jesus mit seinen Jüngern hinaus, auf die andere Seite des Baches Kidron. Dort war ein Garten, in den ging er mit seinen Jüngern hinein. Auch Judas, der Verräter, der ihn auslieferte, kannte den Ort, weil Jesus dort oft mit seinen Jüngern zusammengekommen war. Judas holte die Soldaten und Gerichtsdiener der Hohenpriester und der Pharisäer, und sie kamen dorthin mit Fackeln, Laternen und Waffen. Jesus, der alles wusste, was mit ihm geschehen sollte, ging hinaus und fragte sie: Wen sucht ihr? Sie antworteten ihm: Jesus von Nazaret. Er sagte zu ihnen: Ich bin es. Auch Judas, der Verräter, stand bei ihnen. Als er zu ihnen sagte: Ich bin es!, wichen sie zurück und stürzten zu Boden. Er fragte sie noch einmal: Wen sucht ihr? Sie sagten: Jesus von Nazaret. Jesus antwortete: Ich habe euch gesagt, dass ich es bin. Wenn ihr mich sucht, dann lasst diese gehen. So sollte sich das Wort erfüllen, das er gesagt hatte: Ich habe keinen von denen verloren, die du mir gegeben hast.

Der Evangelist stellt uns jetzt einen Jesus vor Augen, der erhobenen Hauptes in sein Schicksal schreitet, das ihm bestimmt ist und das er bejaht. Er sieht die Passion Jesu von seiner Auferstehung her. Bei Johannes wird im Grunde »auf Golgota ein Auferstandener gekreuzigt« (Regula Strobel). Er erzählt von keinem Ringen Jesu in Getsemani; Judas muss ihn nicht mit einem heuchlerischen Kuss verraten. Er braucht keinen Simon aus Zyrene, um ihm das Kreuz tragen zu helfen, sondern »sich selbst das

Kreuz tragend ging er zur sogenannten Schädelstätte hinaus«, wie es wörtlich übersetzt in Joh 19,17 heißt.

Vielleicht steckt in der Angabe, die Häscher seien »mit Fackeln und Laternen« losgezogen (die bei den andern drei Evangelisten fehlt), ein ironischer Zug: Mit diesen Beleuchtungsmitteln suchten die Blinden das »Licht der Welt«, das offen dastand. Dass der Verräter Judas dreimal namentlich genannt wird, das dritte Mal scheinbar unnötigerweise, wird ebenfalls kein Zufall sein. Aber dieses dritte Mal steht er buchstäblich zwischen den wiederholten Aussagen ICH BIN ES, die eindeutig wieder auf die Gotteserscheinung in Exodus 3,14 verweisen. Da stehen also Judas und die Häscher vor dem, der dem Mose geboten hatte: »Komm nicht näher heran!« (Ex 3,5), und als er seinen Namen nennt, weichen sie zurück und stürzen zu Boden. Später wird Jesus zu Pilatus sagen: »Du hättest keine Macht über mich, wenn es dir nicht von oben gegeben wäre« (Joh 19,11). Hier gibt Jesus selbst ihnen die Macht, ihn festzunehmen. Und bevor er sich fesseln lässt, sorgt er noch dafür, dass seine Jünger frei fortgehen können. Kurz vor seinem Tod wird er sich noch genauso souverän um die Beziehung zwischen der Mutter und dem Lieblingsjünger sorgen (Joh 19,26–27). Er wird beim Verhör souverän vor dem Hohenpriester stehen und diesem entgegnen: »Warum fragst du mich? Frag doch die, die mich gehört haben, was ich zu ihnen gesagt habe; sie wissen, was ich geredet habe« (Joh 18,21), und als ihm ein Diener deswegen eine Ohrfeige versetzt, fragt er ihn ruhig: »Warum schlägst du mich?« (Joh 18,23). Auch mit Pilatus spricht er derart ruhig und überzeugend, dass ihn dieser deshalb am liebsten freigelassen hätte (Joh 19,12).

Unzählige Zeugen Jesu standen genauso souverän vor ihren Richtern. Sie taten das aus der Überzeugung, dass Jesus sie nicht »verloren gehen« lassen werde.

Wie die Art der Frage an Jesus den Zugang zu ihm versperren oder öffnen kann
Joh 18,33–37
(Das Verhör Jesu durch Pilatus)

> *Pilatus ging wieder in das Prätorium hinein, ließ Jesus rufen und fragte ihn: Bist du der König der Juden? Jesus antwortete: Sagst du das von dir aus, oder haben es dir andere über mich gesagt? Pilatus entgegnete: Bin ich denn ein Jude? Dein eigenes Volk und die Hohenpriester haben dich an mich ausgeliefert. Was hast du getan? Jesus antwortete: Mein Königtum ist nicht von dieser Welt. Wenn es von dieser Welt wäre, würden meine Leute kämpfen, damit ich den Juden nicht ausgeliefert würde. Aber mein Königtum ist nicht von hier. Pilatus sagte zu ihm: Also bist du doch ein König? Jesus antwortete: Du sagst es, ich bin ein König. Ich bin dazu geboren und dazu in die Welt gekommen, dass ich für die Wahrheit Zeugnis ablege. Jeder, der aus der Wahrheit ist, hört auf meine Stimme. Pilatus sagte zu ihm: Was ist Wahrheit?*

In der Schilderung des Gesprächs Jesu mit Pilatus steckt ein wichtiger Hinweis für die Leser, auf welche Weise sie selbst sich auf das Gespräch mit Jesus einlassen sollten.

Pilatus fragt Jesus: »Bist du der König der Juden?« Mit seiner Gegenfrage »Sagst du das von dir aus, oder haben es dir andere über mich gesagt?« deutet Jesus an, auf welcher Ebene es Sinn habe, über diese Frage zu sprechen. Falls Pilatus »von sich aus« die Frage beschäftigen würde, ob Jesus der König der Juden sei, hätte es Sinn. Dann wäre es eine persönliche Frage seines Gesprächspartners; dieser würde vom inneren Wunsch bewegt, ihn persönlich kennen zu lernen und ihm zu begegnen als der, der er ist. Wenn ihn die Frage aber nur interessiert, weil es »andere von ihm gesagt« haben, dann entstammt sie nicht dem Wunsch nach einer persönlichen Begegnung, sondern sie ist juristischer oder informativer Natur, also Gegenstand einer Diskussion und eines sachlichen Urteils.

Pilatus signalisiert mit seiner Antwort auf die Gegenfrage Jesu, dass ihn nur Letzteres interessiere. Er geht auf Distanz: »Bin ich denn ein Jude?«, und setzt die Frage hinzu: »Was hast du getan?«, erkundigt sich also nach dem Delikt, um dessentwillen man ihm Jesus vorgeführt hat.

Jesus lässt sich auf diese Ebene nicht ein. Er antwortet: »Mein Königtum ist nicht von dieser Welt ... Mein Königtum ist nicht von hier.«

Da setzt Pilatus nach: »Also bist du doch ein König?« Mit seiner vieldeutigen Antwort »Du sagst es, ich bin ein König« versucht Jesus, Pilatus auf die Ebene der persönlichen Begegnung zurückzulenken. Es könnte in dieser Antwort geradezu die Frage stecken: »Jetzt sagst du es ... Willst du vielleicht doch persönlich mit mir ins Gespräch kommen?« Ohne die Antwort des Pilatus abzuwarten, begibt er sich mit seinen folgenden Sätzen auf diese Ebene: »Ich bin dazu geboren und dazu in die Welt gekommen, dass ich für die Wahrheit Zeugnis ablege. Jeder, der aus der Wahrheit ist, hört auf meine Stimme.«

Was heißt das: »aus der Wahrheit sein?« Bereits die Wahrheit dessen zu wissen, was Jesus sagt? Oder in einem tieferen Sinn aus der Wahrheit seines eigenen Herkommens und Seins heraus die Frage nach der Identität Jesu zu stellen und folglich für die Begegnung mit ihm offen zu sein? Auf jeden Fall ist es eine klare Absage an die bloß neugierige, sachliche oder inquisitorische Frage nach der Identität Jesu. Vor ihr zieht er sich in sein Geheimnis zurück. Zugleich deutet er den Weg an, wie man Zugang zu ihm finden könne: Indem man »in Wahrheit« und »von sich aus« die Frage nach ihm stellt und die Begegnung mit ihm sucht.

Das Meditationsbild vom Gekreuzigten
Joh 19,23–37 (Die Hinrichtung Jesu)

Nachdem die Soldaten Jesus ans Kreuz geschlagen hatten, nahmen sie seine Kleider und machten vier Teile daraus, für jeden Soldaten einen. Sie nahmen auch sein Untergewand, das von oben her ganz durchgewebt und ohne Naht war. Sie sagten zueinander: Wir wollen es nicht zerteilen, sondern darum losen, wem es gehören soll. So sollte sich das Schriftwort erfüllen: Sie verteilten meine Kleider unter sich und warfen das Los um mein Gewand. Dies führten die Soldaten aus. Bei dem Kreuz Jesu standen seine Mutter und die Schwester seiner Mutter, Maria, die Frau des Klopas, und Maria von Magdala. Als Jesus seine Mutter sah und bei ihr den Jünger, den er liebte, sagte er zu seiner Mutter: Frau, siehe, dein Sohn! Dann sagte er zu dem Jünger: Siehe, deine Mutter! Und von jener Stunde an nahm sie der Jünger zu sich.

Danach, als Jesus wusste, dass nun alles vollbracht war, sagte er, damit sich die Schrift erfüllte: Mich dürstet. Ein Gefäß mit Essig stand da. Sie steckten einen Schwamm mit Essig auf einen Ysopzweig und hielten ihn an seinen Mund. Als Jesus von dem Essig genommen hatte, sprach er: Es ist vollbracht! Und er neigte das Haupt und gab seinen Geist auf.

Weil Rüsttag war und die Körper während des Sabbats nicht am Kreuz bleiben sollten, baten die Juden Pilatus, man möge den Gekreuzigten die Beine zerschlagen und ihre Leichen dann abnehmen; denn dieser Sabbat war ein großer Feiertag. Also kamen die Soldaten und zerschlugen dem ersten die Beine, dann dem andern, der mit ihm gekreuzigt worden war. Als sie aber zu Jesus kamen und sahen, dass er schon tot war, zerschlugen sie ihm die Beine nicht, sondern einer der Soldaten stieß mit der Lanze in seine Seite, und sogleich floss Blut und Wasser heraus. Und der es gesehen hat, hat es bezeugt, und sein Zeugnis ist wahr. Und er weiß, dass er Wahres berichtet, damit auch ihr glaubt. Denn das ist geschehen, damit sich das Schriftwort erfüllte: Man soll an ihm kein Gebein zerbrechen. Und ein anderes Schriftwort sagt: Sie werden auf den blicken, den sie durchbohrt haben.

Dieser Text ist wie ein Meditationsbild gestaltet. Dazu ist diese Szene tatsächlich im Christentum geworden: Das Bild des am Kreuz Durchbohrten, des *Crucifixus*, wurde allgegenwärtig. Ob man immer genügend achtsam auf den blickte, »den sie durchbohrt haben« und sich auf die innere Begegnung mit ihm einließ, ist eine andere Frage. Unzählige Menschen haben es getan.

Der Evangelist war nicht an einer realistischen Schilderung der Kreuzigung Jesu interessiert, sondern er schuf ein Bild voller kraftvoller Aussagen über Jesus, »damit auch ihr – ihr Leser – glaubt«.

Auffallend sind die detaillierten Ausführungen der vier geschilderten Begebenheiten. Auffallend ist auch der wiederholte Hinweis, dass sich mit ihnen bestimmte Schriftworte erfüllten, was mit einem Mal eher dem Stil des Matthäus entspricht, der für jüdische Leser geschrieben hatte. Die unmittelbaren Adressaten des Evangelisten waren erst vor kurzem definitiv aus der jüdischen Gemeinschaft ausgestoßen worden. Es war für sich wichtig, dass der Weg mit Jesus nicht der Abschied von ihren kostbarsten Überlieferungen war, sondern deren Erfüllung.

Aber das Bild zeigt bereits weit über das Judentum hinaus. Die vier Soldaten unter dem Kreuz könnten für die »Welt« stehen, deren Symbol die Vier ist, und zwar die

Welt, die Jesus kreuzigt, seine Kleider unter sich verteilt und für den, der sie trug, keinen Blick hat, geschweige ihn versteht. Die vier Frauen unter dem Kreuz könnten die dazu alternative Welt bedeuten. Es heißt nur: »Sie standen bei dem Kreuz Jesu«, und das wird in einem sehr intensiven Sinn gemeint sein.

Hier spricht Jesus wieder »die« Mutter an, die zuvor nur in Kana, beim Weinwunder, aufgetreten war, mit der wiederum Israel gemeint sein wird, die »Mutter«, der er entstammt. Sie solle »den Jünger, den er liebte«, nämlich die neue Gemeinde der Jünger Jesu, als ihren »Sohn« annehmen. Umgekehrt solle der Jünger Israel als seine Mutter annehmen. Es heißt im Text nur, von jener Stunde an habe der Jünger die Mutter zu sich genommen; tatsächlich stand es – trotz aller zeitweise entsetzlichen Judenfeindschaft – für die Christenheit nie in Frage, dass ihr Mutterboden das Judentum und die hebräische Bibel sei (was eine Erklärung für die oben erwähnten auffallend vielen »Erfüllungs«-Hinweise wäre). Das Christentum ist die einzige Weltreligion, die ihre Identität nur aus dem ständigen Gespräch mit einer anderen Weltreligion, eben dem Judentum, bezieht. Dass die Mutter den neuen »Sohn« anerkannt hätte, wird dagegen nicht gesagt. Das war die offene Wunde der Zeitgenossen des Evangelisten. Israel hatte Jesus »für den Durst Essig gereicht«, was im Text des Psalms 69,22, der hier zitiert wird, eindeutig negativ gemeint ist – eine tragische Umkehrung des Weinwunders von Kana.

Der Satz über das Sterben Jesu offenbart seinen Gehalt deutlicher in einer buchstäblichen Übersetzung: »Jesus ... sagte: *Das Ziel ist erreicht!* Und er neigte das Haupt und *gab den Geist weiter.*« Die griechischen Begriffe deuten ein Ziel und die Weitergabe einer *Tradition* an (*tradidit spiritum* übersetzte Hieronymus diese Stelle zutreffend). »Tradition« im tiefsten Sinn ist also das Vermächtnis eines Lebensziels. Ein Kommentar dazu findet sich in Joh 16,5–14. Man kann mit dieser Stelle auch Joh 7,37–39 verbinden: »Jesus stellte sich hin und rief: Wer Durst hat, komme zu mir, und es trinke, wer an mich glaubt. Wie die Schrift sagt: Aus seinem Inneren werden Ströme von lebendigem Wasser fließen. Damit meine er den Geist, den alle empfangen sollten, die an ihn glauben; denn der Geist war noch nicht gegeben, weil Jesus noch nicht verherrlicht war.«

Jetzt ist Jesus auf seine paradoxe Weise »verherrlicht« und folglich ist der Geist gegeben. Dies ist im Johannesevangelium der Zeitpunkt des grundsätzlichen, universalen Pfingstfestes. Das individuelle, persönliche Pfingstfest wird wenig später folgen, wenn der Auferstandene zu den hinter verschlossenen Türen versammelten Jüngern treten, sie anhauchen und zu ihnen sprechen wird: »Empfangt den Heiligen Geist!« (Joh 20,19–23).

Der Evangelist setzte den Zeitpunkt des Todes Jesu so an, dass er mit dem Schlachten der Oster-, also der Paschalämmer im Tempel zusammenfiel. In Exodus 12,46 steht die Vorschrift: »Ihr sollt keinen Knochen des Paschalammes zerbrechen.« Darauf spielt der Evangelist eindeutig an, wenn er erzählt, die Soldaten hätten Jesu Beine nicht zerschlagen: Jesus ist das endgültige »Paschalamm«. Mit seiner Existenz hat er diese kultische Handlung erfüllt und aufgehoben. Aus seiner durchstoßenen Seite, also »seinem Inneren«, fließen »Ströme von lebendigem Wasser«.

All das ist erläutert, »damit auch ihr glaubt«. Es bleibt, auf den zu »blicken, den sie durchbohrt haben«, und ins innere Gespräch mit ihm zu kommen.

Bleib nicht länger; geh und verkündige!
Joh 20,11–18 (Der Auferstandene und Maria von Magdala)

Maria aber stand draußen vor dem Grab und weinte. Während sie weinte, beugte sie sich in die Grabkammer hinein. Da sah sie zwei Engel in weißen Gewändern sitzen, den einen dort, wo der Kopf, den anderen dort, wo die Füße des Leichnams Jesu gelegen hatten. Die Engel sagten zu ihr: Frau, warum weinst du? Sie antwortete ihnen: Man hat meinen Herrn weggenommen, und ich weiß nicht, wohin man ihn gelegt hat. Als sie das gesagt hatte, wandte sie sich um und sah Jesus dastehen, wusste aber nicht, dass es Jesus war. Jesus sagte zu ihr: Frau, warum weinst du? Wen suchst du? Sie meinte, es sei der Gärtner, und sagte zu ihm: Herr, wenn du ihn weggebracht hast, sag mir, wohin du ihn gelegt hast. Dann will ich ihn holen. Jesus sagte zu ihr: Maria! Da wandte sie sich ihm zu und sagte auf Hebräisch zu ihm: Rabbuni!, das heißt: Meister. Jesus sagte zu ihr: Halte mich nicht fest; denn ich bin noch nicht zum Vater hinaufgegangen. Geh aber zu meinen Brüdern, und sag ihnen: Ich gehe hinauf zu meinem Vater und zu eurem Vater, zu meinem Gott und zu eurem Gott. Maria von Magdala ging zu den Jüngern und verkündete ihnen: Ich habe den Herrn gesehen. Und sie richtete aus, was er ihr gesagt hatte.

Maria, die draußen vor dem Grab steht und weint, ist der Typus des gläubigen Menschen, der Vergangenes sucht. Sie möchte Jesus wiederhaben, wie sie ihn bisher gekannt hat, und sei es nur als Leichnam. Sollte der Gärtner ihn anderswo hingelegt haben, werde sie »ihn holen«.

Das ist ein Grundproblem des Glaubenslebens. Frühe Erfahrungen, zumal glückliche, prägen sich unvergesslich ein, oft sogar die damaligen Farben, Lichter, Klänge und Gerüche. Man möchte bei ihnen bleiben, sie wiederholen: intensive Eindrücke früherer Zeiten des Gebets, des Gottesdienstes, der Gemeinschaft. Nicht wenige religiöse Menschen leben ab einem bestimmten Zeitpunkt fast nur noch von Versuchen, die Umstände vergangener starker Erlebnisse noch einmal zu inszenieren. Die Gedanken und Gebete, die sie äußern, und sogar die Gefühle, die zu haben sie versuchen, bestehen zunehmend aus jahrzehntealten Zitaten ihrer selbst. Im Stillen oder zuweilen laut weinen sie der früheren Fülle nach. In der Gegenwart nehmen sie nichts Neues, Anderes, Weiteres mehr wahr. Maria wäre es fast genauso gegangen. Sie wäre für den Anwesenden blind geblieben.

Aber sie wird vor diesem Schicksal bewahrt. Zweimal wird sie gefragt: »Warum weinst du?«, was vordergründig gesehen angesichts der Lage eine müßige, fast unverschämte Frage ist. Aber sie ist wichtig; so wichtig, dass der Evangelist eigens zwei Engel aufbietet, um sie zu stellen; weiter haben diese beiden gar nichts mitzuteilen.

Früher hatte Jesus zu den Jüngern gesagt: »Es ist gut für euch, dass ich fortgehe. Denn wenn ich nicht fortgehe, wird der Beistand nicht zu euch kommen; gehe ich aber, so werde ich ihn zu euch senden« (Joh 16,7). Damit hatte er das unerklärliche Geheimnis angesprochen, dass es seines Todes bedurfte, damit der Geist freigesetzt werden könne. Aber dieses Wort gilt auch in dem Sinn, dass alte Erfahrungen und Bilder immer wieder zerbrechen müssen, damit für andere, tiefere Platz wird. Wir »haben« Jesus und Gott nie; wir sind immer hinter ihm her, wachsen in ihn hinein. Indem er sich vor uns herziehend entzieht – so wie das dereinst die ungreifbare Wolke und Feuersäule tat, die Israel durch die Wüste führte –, kann seine Gegenwart intensiver, umfassender, intimer werden. Der leibhaftige Jesus hätte nur einer Generation oder vielleicht zweien ganz nahe sein können; der gestorbene und auferstandene kann allen nahe und gleich gegenwärtig sein.

Sogar als Maria den vor ihr stehenden Auferstandenen, Lebendigen erkannt hatte, sagte er wiederum: »Halte mich nicht fest!« Er musste weitergehen, zum Vater, in eine weitere, uns noch unfassbare Dimension hinein, die nicht weit fort, sondern uns näher denn je ist.

Was er greifbar hinterlässt, sind Zeugen, die sein Wort weitersagen. Darum schickt er Maria mit seiner Botschaft zu den Jüngern, statt ihnen selbst zu erscheinen – was er ja mühelos hätte selbst tun können. Waren die unerfahrenen Suchenden früher eingeladen worden, zu kommen, zu sehen und zu *bleiben* (Joh 1,39), so wird die erfahrende Suchende jetzt aufgefordert, zu *gehen* und zu *verkünden:* »Ich habe den Herrn gesehen. Und sie richtete aus, was er ihr gesagt hatte.« Den gleichen Auftrag hat der Verfasser des Johannesevangeliums erfüllt: Er hat geschildert, wie er Jesus gesehen hat.

Glaube und werde sehend, auch wenn du nicht siehst!
Joh 20,24–29
(Der Auferstandene und Thomas)

Thomas, genannt Didymus (Zwilling), einer der Zwölf, war nicht bei ihnen, als Jesus kam. Die anderen Jünger sagten zu ihm: Wir haben den Herrn gesehen. Er entgegnete ihnen: Wenn ich nicht die Male der Nägel an seinen Händen sehe und wenn ich meinen Finger nicht in die Male der Nägel lege und meine Hand nicht in seine Seite lege, glaube ich nicht. Acht Tage darauf waren seine Jünger wieder versammelt, und Thomas war dabei. Die Türen waren verschlossen. Da kam Jesus, trat in ihre Mitte und sagte: Friede sei mit euch! Dann sagte er zu Thomas: Streck deinen Finger aus – hier sind meine Hände! Streck deine Hand aus und leg sie in meine Seite, und sei nicht ungläubig, sondern gläubig! Thomas antwortete ihm: Mein Herr und mein Gott! Jesus sagte zu ihm: Weil du mich gesehen hast, glaubst du. Selig sind, die nicht sehen und doch glauben.

In dieser ursprünglich letzten Erzählung des Johannesevangeliums wird der Apostel Thomas in die Rolle des Bindeglieds zwischen zwei verschiedenen Generationen von Jüngern Jesu versetzt. Die einen waren diejenigen, die Jesus noch persönlich gekannt und »gesehen« hatten, die anderen die späteren, die sich nur noch von diesen berichten lassen konnten: »Wir haben den Herrn gesehen.« Er gehörte sozusagen beiden Gruppen an: Er hatte zwar Jesus noch persönlich gekannt, aber das entscheidende neue »Sehen« hatte er verpasst, so wie die Nachgeborenen.

Seine Erklärung, wenn er sich nicht mit eigenen Augen von der Auferstehung des Gekreuzigten überzeugen könne, glaube er nicht, werden bereits viele Zeitgenossen des Evangelisten wiederholt haben; im Lauf der nächsten fast zweitausend Jahre kam sie aus dem Mund Unzähliger und kommt sie noch heute.

Wider alles Erwarten bekommt Thomas das Angebot, sich ganz handgreiflich davon zu überzeugen, dass Jesus auferstanden ist. Der Umstand, dass er derart ernst genommen wird, löst seinen Glauben aus, und das Berühren wird unwichtig. Er ruft aus: »Mein Herr und mein Gott!« Hierauf erklärt Jesus den Glauben, »weil du mich gesehen hast«, für geringer als den Glauben, zu dem alle nachfolgenden Generationen herausgefordert sind: »Selig sind, die nicht sehen und doch glauben!«

Die Absicht des Evangelisten war es, den Leserinnen und Lesern seines Berichts zur Begegnung mit Jesus zu verhelfen. Sie wäre ganz erfüllt, wenn sie ihm am Ende mit dem Bekenntnis des Thomas antworten könnten: »Mein Herr und mein Gott!«